路军武汉办事处旧址纪念馆

Eighth Route Army Wuhan Office
Former Site Museum

带你走进博物馆

SERIES

八路军武汉办事处旧址纪念馆 编著

文物出版社

目 录　Contents

八路军武汉办事处旧址纪念馆

赠　言

　　未成年人将要承担中华民族伟大复兴的重任。关心未成年人的健康成长，关心他们的思想道德的建设是我们每个人的责任，各类博物馆不仅是展示我国和世界优秀历史文化的场所，也是未成年人学习知识、培养情操的第二课堂。

　　让这套丛书带你走进博物馆，让博物馆伴随你成长。

国家文物局局长　单霁翔

2004 年 12 月 9 日

八路军武汉办事处旧址纪念馆外景图

八路军武汉办事处旧址纪念馆内景图

八路军武汉办事处旧址纪念馆

当你来到汉口商业繁华的中山大道东端，张自忠路、郝梦龄路、陈怀民路，一条条以抗日英烈命名的路定会把你的思绪带入70年前的抗日战争……与其毗邻的长春街57号，坐落着一幢别具一格的日式建筑，它就是八路军武汉办事处旧址纪念馆。

纪念馆建筑面积2252.6平方米。原建筑于1944年被美国飞机轰炸日租界时炸毁，现建筑是1978年在原址按原貌重建的。1979年3月纪念馆对外开放，叶剑英题写馆名。她全面、形象地展示了华夏儿女英勇抗日的丰功伟绩。

纪念馆的大门朝东，门旁悬挂着一块褪了色的藏青底、白色字的木质标牌

"国民革命军第八路军武汉办事处"，让人肃然起敬。进入门内，厅堂前的小庭院缀以假山花木，清高风雅。楼房室内面积大小不一，风格各异。宽敞的一楼大厅是"武汉抗战陈列"，300幅原始照片和89件珍贵文物，再现了武汉人民在抗战时期的光辉业绩。大厅右侧复原有"八办"的副官室、接待室和办公室。

二楼复原有会客室和董必武的办公室兼卧室。会客室里留下了周恩来、董必武、叶剑英等老一辈无产阶级革命家和许多外国友好人士的足迹：美国著名作家斯诺、史沫特莱、斯特朗正是在这里进一步了解了中国，了解了中国共产党领导的抗日战争；这里也是白求恩及加拿

大医疗队从香港进入内地赴延安的第一站。一进董必武的办公室兼卧室，无不感到这位无产阶级革命家艰苦朴素的高贵品质：室内陈列着一件毛背心，这件毛背心最初是董必武穿的一条毛裤，后经拆洗，编织成毛衣，最后又改成毛背心，直到他逝世前还在穿。

三楼复原有叶剑英的办公室兼卧室和会议室。叶剑英1937年12月从南京来到武汉后就住在这里。他的许多著名的抗日救国的军事论著就是在这间房内完成的，站在这里，我们仿佛又能看到他伏案疾书的身影。会议室是"八办"和长江局工作人员召开各种会议的地方。

四楼复原有电台室、周恩来和邓颖超的办公室兼卧

室、秦邦宪的办公室兼卧室、机要科、食堂。电台是直接同延安和各抗日根据地联系的纽带，陈列的电台虽然显得太老太旧，但当初由它从这里发出的电波，飞向了延安，飞向了前线，飞向了祖国的大江南北。周恩来、邓颖超的办公室兼卧房里，有一张普通的办公桌，就在这张办公桌前，台灯下，周恩来为了中国革命，通宵达旦地工作，度过的不眠之夜，工作人

带你走进博物馆

董必武的办公室兼卧室

员数都数不清。机要科是由一群朝气蓬勃的年轻人组成，这些年轻人对工作认真负责，不论是白天黑夜，还是敌机轰炸，他们都严格遵守纪律，严守机密，从来不擅离职守，很好地完成了任务。食堂是长江局领导人进餐的地方，长江局的领导人自动降低伙食标准，和一般工作人员一样过着艰苦朴素的生活。

历史跨过了70个春秋，八路军武汉办事处的光辉业绩，仍然激励着后来人为民族的富强，为中华的振兴而矢志奋斗。

纪念馆建馆以来，始终坚持以旧址为依托，以各种活动为载体，

紧紧围绕爱国主义教育、革命传统教育和国防教育三大主题，充分发挥教育基地的育人功能和示范作用。先后举办过"武汉抗战陈列"、"人民的好总理周恩来"、"走近邓大姐"等展览，共建单位近百个，成为30多所学（院）校和单位的德育基地。纪念馆现有藏品3530件，其中周恩来、邓颖超1938年在武汉用过的围巾、董必武用的公文包等国家一级文物7件，二级文物1套，一般文物230件，资料照片2000余张，文字史料1300份及叶剑英、邓颖超、张爱萍等老同志的书画作品130余幅，编辑出版《武汉抗战史料》《纪念武汉抗战暨中山舰遇难60

周恩来、邓颖超的办公室兼卧室

周年国际学术研讨会论文集》等专著9部。建馆以来，陆续接待了张爱萍、方毅、伍修权、吴官正等党和国家领导人及当年在这里工作过的许多老同志，还有来自美国、日本、韩国、朝鲜、印度、加拿大、新西兰等20多个国家和地区的外宾，观众达300多万人次，先后被评为武汉市党史系统先进集体、武汉市文物系统先进集体、武汉市青少年教育工作先进集体、武汉市江岸区最佳文明单位。根据武汉市人民政府规定，纪念馆从2007年2月起对全社会免费

1978年邓颖超听取
关于复原"八次"旧址方案的汇报

开放。追溯历史，展望未来，纪念馆将继续秉承以史为鉴、资政育人的宗旨，为教育人、塑造人、鼓舞人发挥更大的作用。

"武汉抗战"陈列在汉口江滩展出

1983年方毅来我馆参观

带你走进博物馆

王光美参观八路军武汉办事处旧址纪念馆

带你走进博物馆

1980 年的一个星期六，我们接到中共湖北省委办公厅电话，通知星期天上午，原国家主席刘少奇夫人王光美参观我馆。

当晚，我们久久难以入睡，伟人刘少奇的高大形象不时出现在我们眼前，激起我们深深的怀念。刘少奇这位中国共产党和中华人民共和国的主要领导人，1920 年加入中国社会主义青年团。1921 年赴苏俄莫斯科东方劳动者共产主义大学学习，同年转入中国共产党。1922 年回国，在中国劳动组会书记部工作。后到江西安源煤矿领导安源路矿工人大罢工，任该矿工人俱乐部主任。1925 年，在第二次全国劳动大会上当选为全国总工会

副委员长。此后，分别在上海、广州、武汉参加领导五卅运动、省港大罢工和武汉工人群众收回汉口英租界的斗争。第一次大革命失败后，先后在河北、上海、东北从事党的秘密工作。1930 年夏，出席在莫斯科召开的赤色职工国际第五次代表大会，当选为执行局委员。1931 年秋回国，任中共中央职工部部长、全国总工会党团书记。1932 年冬进入中央革命根据地，任中华全国总工会苏区中央执行局委员长，后任中共福建省委书记。1934 年 10 月参加长征，出席遵义会议，并支持毛泽东的正确主张。1936 年春赴华北先后任中共中央代表、北方局书记。1937 年领导了开创华北敌后抗日根据地

的工作。1938 年 11 月任中共中央中原局书记，组织力量深入华中敌后，开展游击战争。1941 年皖南事变后，任新四军政治委员和华中局书记，同陈毅等一起扭转了新四军的困难处境，恢复和发展了长江中下游地区的抗日武装力量，扩大了华中抗日根据地。1945 年，毛泽东赴重庆同蒋介石谈判期间，代理中共中央主席职务。1947 年任中共中央工作委员会书记，转移到华北，和朱德一起负责中共中央委托的工作。建国后，当选为中央人民政府副主席，在制定国家政治、经济、文化、教育、外交等方面的方针政策中发挥了重要作用。在中国共产党第八届中央委员会第一次全体会议上当选为中共中央副主席。1959 年 4 月，在第二届全国人民代表大会第一次会议上当选为中华人民共和国主席、国防委员会主席。60 年代初期，由于天灾人祸，中国的经济发生了严重的困难，他进行了大量的调查研究，并与周恩来、陈云、邓小平等一起制定了一系列注重实效的政策措施，使国民经济得到恢复和发展。1960 年、1963 年和 1964 年他先后到苏联、印度尼西亚、缅甸、柬埔寨、越南、朝鲜、巴基斯坦、阿富汗等国进行了友好访问。

美本是人类的共同追求。当刘少奇偕夫人王光美乘专机抵达印度尼西亚首都万隆机场时，站在弦梯上的王光美，此时虽已进入中年，但她那东方美人的形象震惊了前来欢迎他们的印尼各界要人。当这部彩色新闻记录片在世界上放映时，同样引起世界人民的关注。中国妇女光彩耀人的形象，深深注入到世界人民的心目之中，崛起后的中国不再是被称为"东亚病夫"和"丑陋的中国人"。

带你走进博物馆

第二天上午九时许，早已等候在纪念馆门前的我们，看见一位头发花白的老人，既无警卫和陪同人员，又没有看见轿车在附近，但我们一眼望去就看出她就是刘少奇的夫人王光美，我们急忙迎上前去问道："您是王光美同志吗？"她回答说："我是王光美"。我们伸出双手握着她的手说："欢迎您来我们馆参观指导"。随即，我们陪老人来到纪念馆二楼接待室，向老人简单地介绍了我馆的情况后，陪同老人参观了复原陈列和"抗战初期周恩来在武汉"陈列馆。老人从始至终是那样的平和安详，一句话也不讲，只是在董必武、周恩来、博古、叶剑英的办公室兼住房和陈列馆里看得很仔细。我们想，这是她对刘少奇的战友们的深切怀念吧！离开纪念馆时，我们赠送给老人几本小册子和几枚武汉"八办"纪念章以示纪念。将老人送出纪念馆与老人握手告别后，我们继续目送着老人，寻思着老人现在需要的是到处走走看看，即将开始的中华民族伟大复兴运动——改革开放，必将逐步愈合她极度悲痛的创伤，我们衷心祝福老人健康长寿！

抗日烽火中的一面旗帜

—— 八路军武汉办事处在抗战初期的作用

抗战初期的八路军武汉办事处

1937年9月，为了恢复和发展湖北省暨武汉地区的党组织，开展抗日救亡运动，建立广泛的抗日民族统一战线和筹备成立八路军武汉办事处，中共中央委派董必武以中共中央代表的身份来到武汉，住在汉口府西一路安仁里二号。1937年10月，经董必武积极筹备，八路军武汉办事处（以下简称"八办"）在汉口安仁里一号正式成立，李涛（李湘龄）任处长，工作人员有刘士杰等。

初创的"八办"虽然人员较少，地方狭小，机构比较简单，但在董必武的直接领导下，做了不少工作：恢复和发展湖北、河南等地区的党组织，建立武汉大学和豫南民运办事处支部等，为保存革命力量，为之后革命工作的开展，为南方红军游击队改编为新四军，迅速开赴抗日

带你走进博物馆

前线创造了有利条件。

1937年11月中旬，日本侵略者占领上海，南京危在旦夕。国民党部分党政军重要机关从南京陆续迁来武汉。12月，八路军南京办事处工作人员到汉。经董必武和叶剑英在汉商议，并报中共中央批准，将南京办事处工作人员并入"八办"。此时，"八办"机构扩大，人员骤增，安仁里的房子不够使用，经与武汉地方政府多次协商，汉口市政府才将原日租界的日商大石洋行拨给"八办"办公。1938年1月1日，从安仁里迁至汉口中街89号（现长春街57号）大石洋行的"八办"，正式对外办公。

这时，"八办"的机构和负责人重新作了调整，办事处下设三科一室一所。由钱之光任处长，齐光任总务科长，邱南章任运输科长，赖祖烈任经理科长，袁超俊

任副官室副官长，陈远绍任招待所所长。

1937年12月，中共中央决定由周恩来、秦邦宪、董必武等在武汉组成中共中央长江局，统一领导南部中国党的工作。12月18日，王明、周恩来等从延安来到武汉，以中共代表团的身份住在"八办"。23日，中共代表团和中共长江局联席会议决定，将两个组织合二而一，对外为中共代表团，对内为中共长江局，由项英、秦邦宪、周恩来、叶剑英、王明、董必武、林伯渠7人组成，办公地点设在"八办"内。

"八办"是我军设立在国民党管辖区武汉的公开办事机构。最初，它的主要任务是通过与国民政府联系，领取八路军和新四军的粮饷、武器装备，并与各友军在军事上取得联络，以利共同抗击日军。南京失陷后，国民政府的重要部门迁到武汉，蒋介石亲自在汉坐镇，中共中央代

表团也驻在这里。一时间，各民主党派领袖、社会名流、文化界人士、全国著名救亡团体、大批沦陷区的流亡学生也都云集于此，武汉成为全国政治、军事、文化的中心。这时"八办"除需完成上述任务外，还担负着保卫、掩护中共中央代表团和长江局的任务，并在其领导下主要做了以下几个方面的工作：

（一）为我军领取、筹集经费和物资

根据国共双方达成的协议，改编后的国民革命军第八路军和新四军的军饷、服装、武器、弹药以及医疗器材由国民政府供给。南京失陷后，这一工作主要由"八办"向国民政府各有关部门申报、领取，并转运到前线。

"八办"每月到国民政府军需署领取军饷；到军政部军工署领取枪支弹药、服装、通讯器材以及其它物资；到卫生署领取药品和医疗器材，并到交通部联系车辆，将领取的物资送往延安以及八路军总部和新四军各支队。通过"八办"的努力，从1937年9月至1938年10月，国民政府每月发给八路军经费638583.50元。据不完全统计，"八办"运送到延安和八路军抗日前线的物资有：步枪300支、轻机枪30挺、重机枪10挺、战防炮10门、迫击炮10门、步机枪子弹500箱、炮弹300箱、炮镜3架、望远镜30个、手榴弹200箱、方形炸药300箱、洋镐500把、铁锹500把、测量器具一部分。这些粮饷、武器、物资的领取必须出示收据，加盖"八办"和处长钱之光的印章。我馆现收藏了钱之光这枚珍贵的印章，为国家一级文物，它是"八办"历史的见证。

为解决军需品的不足，周恩来通过统战关系，为八路军第一个炮兵团购买

带你走进博物馆

八路军武汉办事处将湖北各界捐赠的物资运往前线

到经纬仪、炮对镜和测远镜等器材，"八办"及时将这批器材送到炮兵团；"八办"派副官廖其康到湖南衡阳兵工厂取回3箱武器；"八办"为向豫东挺进的新四军游击队送去6挺苏式转盘轻机枪；"八办"派专人去香港，为湖北应城县建立的抗日游击队采购回24支驳壳枪。

"八办"为我军领取、筹集和运输大批物资，既加强了在艰苦抗战中的八路军的武器装备，有力地支援了抗战，又为新四军完成整编任务，实现东进抗日创造了有利条件。

（二）积极开展抗日救亡运动

中国的抗日战争是全民族的解放战

争，只有动员全体民众才能取得抗日战争的伟大胜利。在中国共产党全面抗战路线的指引下，武汉地区的工人、农民、青年、妇女、儿童、文化界、少数民族、宗教团体纷纷组织起来，建立各种救亡团体200多个，掀起了波澜壮阔的抗日救亡运动。"八办"的工作人员同武汉地区的广大群众一道，参加集会游行，慰劳官兵，抗日宣传，捐物献金等活动，有力地推动了民众运动的发展。

1938年3月12日，是孙中山先生逝世十三周年纪念日，武汉各界举行隆重纪念活动。"八办"参加汉口市的纪念大游行，他们高擎着一面写着"纪念总理逝世，要巩固扩大抗日民族统一战线"，"贯彻抗战到底，争取最后胜利"的大标语行进在游行队伍中。

4月7日至12日，周恩来、郭沫若领导的第三厅发起举行武汉各界第二期宣传周。宣传周的第一天，传来台儿庄大捷的消息，立即轰动整个武汉。在周恩来等的号召下，武汉10万名群众参加了祝捷火炬大游行。"八办"工作人员打着横幅，举着标语，整装行进在游行的队伍里，格外引人注目。

2月，日军飞机空袭武汉，中国空军奋起还击，共击落敌机11架，取得首次空战的辉煌战绩。"八办"以集体的名义向空军英雄们书写了一封热情洋溢的慰问信，并派代表前往机场慰问。

7月7日，为抗战周年纪念日。在三厅具体组织下，武汉地区掀起了群众性献金热潮。献金的人群从早到晚，川流不息，充分体现了武汉人民的爱国热情。中共代表团和"八办"代表到江汉关献金台捐献。"八办"的全体人员献出一个月的薪金。

带你走进博物馆

"八办"当时还参加了其它许多救亡活动。这些活动对于振奋广大人民群众的抗战热情，坚定抗战必胜的信心，促进抗日民族统一战线的巩固和发展，唤起民众支援和直接参加抗战起到了积极的作用。

（三）聚集、输送抗日人才

国民党的片面抗战路线，激起了广大人民群众的强烈不满。中国共产党的抗日民族统一战线政策，日益深入人心。八路军、新四军健儿在前线浴血奋战、英勇杀敌的英雄事迹，使广大人民群众深受鼓舞，从而看到中国光明的前途，增强了抗战必胜的信心。国民党管辖区的广大进步青年和革命群众向往着革命圣地——延安，纷纷要求参加共产党领导的八路军和新四军。

为吸收广大进步青年抗日，壮大革命力量，中共中央决定，抗日军政大学、陕北公学、鲁迅艺术学院、女子大学、安吴堡青训班等在国民党管辖区的武汉招生。1938年春，根据中共中央指示精神，长江局在"八办"设立招生委员会，由董必武、罗炳辉、吴奚如等负责，"八办"工作人员参加具体工作。1938年5月至8月，经"八办"介绍，途经西安去延安的青年就有880名，居全国各省之首。

此外，"八办"还为延安输送了不少科学技术人员及文化界知名人士，如机械工程师沈鸿、内科专家何穆、外科专家周泽昭、自然科学家陈康、舞蹈家吴晓邦、文学家陈学昭、作家光未然、地质专家邱琼等。他们为夺取抗日战争、解放战争的胜利，为社会主义建设作出了贡献。

（四）兼管新四军办事处的工作

1937年10月下旬，新四军军长叶挺到达武汉，着手新四军的组建工作，并于

12月25日，在原日租界大和街（现胜利街）组建了新四军军部。1938年1月28日，新四军军部发出启事：军部当即移驻南昌，以后驻汉办事处事宜，委托八路军驻武汉办事处处长钱之光代办。从此，"八办"又兼管新四军武汉办事处的工作。

作为新四军驻汉办事处代理机构的"八办"，除将从国民政府军需部门领来的粮饷、装备分别送到新四军各支队外，还及时以新四军办事处的名义向蒋介石和国民政府军事委员会军令部等部门转呈4个支队在敌后开展游击战的战况。

（五）开展反妥协反投降斗争

毛泽东指出："在党内在全国均须反对投降主义"。在长江局领导下，"八办"在实际工作中认真地贯彻这一方针。对国民党在抗战初期表现出来的抗日积极性表示坚决支持，对极少数顽固派、亲日派的投降妥协活动进行了斗争。1938年7月，在国民参政会第一次会议上，以汪精卫为代表的反共亲日派，大耍阴谋手段：他们一方面秘密与日本帝国主义勾结，策动"和谈阴谋"；另一方面又在参政会上高唱"焦土抗战"，妄图欺骗人民，以掩盖其投降日本帝国主义的罪行。为了戳穿以汪精卫为代表的少数亲日派假抗日、真投降的阴谋，根据周恩来的指示，"八办"在与国民参政会会场仅一墙之隔的邦可花园内，主持召开了武汉文化界知名人士时事座谈会。"八办"工作人员讲明了当前的抗日形势，揭露德国驻华大使陶德曼诱惑汪精卫的亲信周佛海与日军秘密勾结，大搞和谈的阴谋，使与会人员对汪精卫等投降派的嘴脸有了清楚的认识，决心在中国共产党全面抗战路线的指引下，坚决抗战到底。

带你走进博物馆

"八办"还积极参加了对叛徒张国焘的斗争，全体工作人员通过张国焘叛变事件，受到一次极其深刻的党的组织纪律教育。

（六）积极开展国际统战工作

建立国际反法西斯统一战线，争取国际友人和友好团体的支援，是抗日民族统一战线的重要组成部分。当时中共代表团和八路军代表在"八办"，会见国际友人和友好团体，办事处工作人员参加了具体工作，在巩固和发展国际反法西斯统一战线方面，也有他们的一份功劳。

1938年5月，世界学联代表团团长柯乐曼率团员雷克南、傅路德、雅德一行四人来到武汉。周恩来等在汉口"一江春"餐厅举行招待茶会，"八办"20多名工作人员参加接待工作。会后，世界学联代表团到战地考察，并到延安访问，受到毛泽东的接见。他们考察完毕返汉后，"八办"处长钱之光向他们转达了朱德总司令、彭德怀副总司令对世界学联代表团到八路军战场考察的感谢和敬意。

1938年春，美国友好人士吴德施与斯特朗联合发起征募了一批医药器材，组成以他女儿弗兰西斯·罗茨小姐为团长的慰问团，在"八办"运输科长邱南章的带领下，将这批物资送到了晋东南八路军抗日根据地。

此外，白求恩、伊文斯、艾黎及印度援华医疗队等到达武汉后，周恩来等中共代表团都亲切地接见了他们，"八办"工作人员做了些具体的接送接待工作。

（七）警卫中共长江局机关的安全

"八办"建立后，深为国民党特务机关注视，虽然因国共合作的关系，他们不敢明目张胆地直接阻挠破坏，但暗地里却严密监视和控制"八办"。

"八办"的四楼是长江局领导人的办公室兼住房，机要科和电台也设在这里。四楼除少数机要秘书、电台工作人员外不许外人上去，就连长江局和"八办"的一般工作人员也不准随便上去。一至三楼由副官室管，四楼派有警卫员站岗放哨。1938年4月，张国焘叛党事件发生后，"八办"又进一步加强了保卫工作。除大门口设双岗外，另外在每层楼增设一个岗，屋顶的

"八办"警卫排战士在屋顶花园

平台花园也增派了一个流动哨，确保长江局和"八办"机关的安全。

保卫长江局领导的安全是"八办"副官室的主要任务之一，长江局领导每人都配有警卫员。每当长江局领导人因公外出，"八办"必须作出周密安排，及时派出警卫人员随同前往，以保证领导人的绝对安全。

1938年8月以后，日军以30万兵力沿长江两岸大举西进，九江、马当相继失守，武汉形势日趋紧张。这时，中共中央明确指示长江局：保卫武汉，重在发动民众，军事则重在袭击敌人侧后，迟滞敌进，争取时间，务须避免不利的决战。10月21日，"八办"发出紧急启事：本处奉命迁湘，凡一切信件及临时事宜，请至界限路（今合作路）44号《新华日报》编辑部接洽。"八办"工作人员分三批撤离武汉。10月25日凌晨，周恩来在《新华日报》社口授当日社论《告别武汉》后，率童小鹏等坐小轿车在前，报社章汉夫等同"八办"最后一批工作人员乘大卡车在后，全部撤离武汉。

"八办"于1937年10月正式成立，到1938年10月结束正好一年的时间。在这一年里，它光荣地完成了历史赋予的重任，在我党我军的历史上留下了光辉的一页。

新四军军部在这里诞生

在武汉这座历史文化名城里，现保留着许多革命遗址，汉口新四军军部就是其中之一。汉口胜利街（原汉口大和街）332～352号一栋日式两层楼房，它曾是抗日战争时期中国共产党领导的人民军队——新四军军部的诞生地。近一个世纪的风风雨雨，虽已将它的外观冲刷得有些面目全非，但轮廓依旧，2002年湖北省人民政府公布为湖北省文物保护单位。2006年，武汉市人民政府拨专款按原貌修复，并辟为纪念馆对外开放。

1937年10月，国共两党谈判达成协议，将在南方八省坚持游击战争的红军游击队改编为国民革命军陆军新编第四军（简称新四军）。新四军是中国抗日民族战争时期国共两党第二次合作的历史产物。是中国工农红军主力先后撤出鄂豫皖革命根据地、湘鄂西革命根据地、中央革命根据地后，在南方八省十四个游击区留下的一大批革命的火种。是在土地革命斗争后期与国民党军队展开艰苦卓绝的生死存亡斗争的主力军，是抗日战争在南方的战略支点，是抗击日本法西斯的骨干力量。他们为抗日战争的胜利做出了重大贡献。

1937年7月7日，卢沟桥事变抗日战争全面爆发，在这中华民族生死存亡的危急关头，中共中央根据抗日时局的变化，于1937年8月1日指示南方各红军游击队，在保存与巩固革命武装、保障党

带你走进博物馆

带你走进博物馆

汉口新四军军部旧址

中共中央、毛泽东、周恩来深为忧虑。考虑到湘、赣、闽、粤、浙、鄂、豫、皖八省的红军游击队改编为一个军后，军长人选是国共两党分歧的焦点。这时候，周恩来便在上海会见了北伐名将，南昌起义、广州起义的主要领导人叶挺。请他出面来组编南方红军游击队进行抗日，叶挺怀着一颗抗日救国迫切的心，欣然接受了这一重托。并开始与国民党政府军委会有关人士进行商谈。叶挺向陈诚表明希望参加改变南方红军游击队的意向，并提议定名为"国民革命军新编第四军"。陈诚出面向蒋介石疏通，蒋介石当时迫于上海、南京危急的严重情势，又急于想增强江南的军事力量，采纳了

的绝对领导的原则之下，可以与国民党地方当局进行谈判，改变番号与编制以取得合法地位。"八·一三"事变后中共中央及地方向国民党提出了统一整编南方红军游击队，开赴华中地区敌后抗战的建议。但在与国民党地方当局达成停战以合作抗日的协议中，部分条件不利于红军游击队，有被国民党控制的危险，

1937年12月中共中央长江局与新四军负责人在八路军武汉办事处门前合影（左起：张云逸、叶剑英、王明、秦邦宪、周恩来、曾山、项英）

1938年1月叶挺（中）与项英（右二）、张云逸（左二）、周子昆（左一）、曾山（右一）在武汉合影

带你走进博物馆

带你走进博物馆

陈诚的保荐。于1937年9月28日在没有征得中共中央同意的情况下，由国民政府军委会发出通报，宣布任命"叶挺为新四军军长"。叶挺授命后分别与中共中央代表秦邦宪、叶剑英、董必武、张云逸接洽改编南方游击队事宜。

当时中共中央、毛泽东在没有充分了解叶挺对中国共产党的路线、方针、政策持何种态度之前尚有考虑，没有答复。1937年10月1日，中共中央书记致电张云逸、张文彬、秦邦宪、叶剑英表示"叶挺必须来延安"。叶剑英向叶挺表达了中共中央的意见后，叶挺表示完全接受中国共产党的领导。并于1937年11月3日到达延安同毛泽东会面。毛泽东与叶挺讨论了抗日战争的发展趋势，统一战线中的独立自主原则，广泛开展游击战争，创建敌后抗日根据地等重大问题。并向

叶挺详细地解释了中国共产党抗战时期的路线、纲领、方针和政策，双方取得了共识。通过面谈，中共中央、毛泽东加深了对叶挺的了解和信任，决定叶挺任新四军军长，项英为副军长。

11月9日叶挺离开延安，12日到达武汉着手筹建新四军军部。叶挺一方面向中共中央要求多派干部，另一方面又在社会和亲友中招募人才，尽可能多地吸收动员那些拥护抗战的军人和知识分子。叶挺组建起军需处、副官处、军医处、秘书处等，委任叶辅平为军需处处长、肖泽禄为副官处代处长、沈其震为军医处处长。12月18日项英、赖传珠带领数十名到新四军工作的军政干部离开延安，23日抵达武汉。当晚，中共中央代表团和中共中央长江局在八路军武汉办事处召开第一次联席会议，第一项议程即讨

论新四军工作。12月24日，叶挺、项英召见军部参谋处处长赖传珠，他们一起研究了许多亟待处理的事项，请赖传珠就部队集中、组编和军部机关的编制提出具体意见。25日下午，叶挺、项英召开新四军机关干部会议，会上叶挺、项英分别作了关于组建中的新四军面临的形势及任务的报告，布置了集中部队开赴前线的任务。这是新四军军部机关的第一次会议，它标志着新四军第一个军部的诞生。

为了加强对新四军的领导，中共中央抽调大批干部到武汉充实新四军军部，毛泽东亲自欢送周子昆率30余名干部抵达武汉。随即政治部、参谋处、军需处、副官处、军医处初具规模。

1938年1月4日，为了指挥部队迅速开赴敌后，开展抗日游击战争，项英率军部大部分人员乘船离汉去南昌，1月28日叶挺也离开武汉去南昌，同日新四军军部在《新华日报》刊登迁址启示，军部移至南昌，新四军驻汉办事处事宜由八路军武汉办事处代办。至此，新四军完成在汉组建的历史使命。

当年在武汉新四军军部工作和居住的有叶挺、项英、张云逸、周子昆、曾山等，还有从日本回国参加抗战的郭沫若。

新四军的组建经历了一段漫长而又曲折的道路，表现了中国共产党是伟大光荣正确的党、是中国人民的领导核心。新四军在抗日战争历史上写下了光辉的篇章。

带你走进博物馆

毛毯的故事

在"八办",珍藏着一条麻黄色的粗毛呢制的军用毛毯,长200厘米,宽160厘米,中间有两处破洞。这条看上去并不起眼的毛毯却有着一段不平常的来历,它经历了一场战火的硝烟,记录了一段难忘的历史。它就是抗战初期周恩来在山西、武汉使用过的战利品。

1937年9月25日,八路军第115师在山西东北部的平型关地区对日军进行了一场举世闻名的伏击战——平型关之战。平型关战役之前,周恩来以中共中央军委副主席的身份到山西抗日前线,亲自研究和策划对日作战计划,周恩来强调要摸清敌情,要把敌人的火力配备、指挥能力、部队番号搞清楚,要派侦察员看地形,测图员要把地形制成作战图。他说,我们还没跟日本法西斯较量过,不打就不打,打就要把敌人的威风打下去,就是要消灭它。平型关一仗,我军歼灭了日军高级将领板垣征四郎率领的精锐部队

周恩来在武汉时期使用过的毛毯

1000余人，缴获大量武器弹药和各种军需物资，取得了全国抗战以来的第一个大胜利。

战役的第三天，前方总司令部送来了一汽车的战利品，同时还带来了彭德怀、左权同志给周恩来副主席的一封信，八路军太原办事处处长彭雪枫将信拆开看了后送给周恩来说，信中指明有一个日本军官的行军包是送给你的，其它的东西看您需要什么就留下什么。周恩来说，什么我也不要。其实，当时周恩来的生活是很艰苦的，他住的房间是一间教室，中间用一块白布隔成两间，小一点的当卧室，大一点的作为办公室和会客室。教室的地上铺的是大灰砖，门口有一棵大槐树，整个房间显得十分潮湿和阴冷。当彭雪枫得知周恩来的床上垫得很薄，就要周恩来的警卫员廖其康从战利品中拿了

一条日本军用毛毯垫在了周恩来的床上。从此，这条毛毯就跟随周恩来转战南北。

1938年8月以后，形势开始紧张起来，蒋介石害怕进步青年和学生到延安去，他们百般阻挠，层层封锁，为了青年学生的安全，周恩来要廖其康护送一批学生到延安去，并在延安等他。这样，廖其康就把这条毛毯又带到了延安。1945年6月，廖其康奉命出征时，将这条珍贵的毛毯交给了他的夫人谢玉英同志保管，此后，谢玉英一直将它带在身边，走到哪里就带到哪里。1951年，廖其康调到西南局公安部工作，谢玉英又把这条毛毯带到了重庆，保存到现在。

1980年，廖其康同志将这条珍贵的毛毯捐赠给八路军武汉办事处旧址纪念馆。经国家文物局文物专家鉴定确定为国家一级文物。

公文包轶事

带你走进博物馆

1987年5月的一天清晨，武汉"八办"资料征集组一行数人迎着朝阳，赴京来到董必武夫人何莲芝家里，组长张志善双手紧紧地握着何老妈妈的手，操着浓厚的汉腔普通话说："何妈妈，我们是您湖北的老乡，来看您来了"。老乡见老乡，两眼泪汪汪。何妈妈这位久经风霜的老人，此时的眼睛也有些湿润了，她连连说道："谢谢你们！谢谢你们！"。何妈妈家中的服务人员端出一大盘黄橙橙的大香梨和几包大中华香烟。何妈妈指着这盘大香梨说："这是老家的同志刚从湖北送来的，又香又甜，你们尝尝吧，不要客气，就像在家里一样"。何妈妈活泼可爱的小孙子，抱着玩具轿车打火机，给抽烟的叔叔们点着了火。何妈妈家里的热情接待，使资料征集的同志们感到特别的温暖，好象回到了家里，来到母亲的身边。当何妈妈得知湖北省委、武汉市委决定恢复"八路军武汉办事处旧址"，并复原董老的办公室及卧室，需征集他老人家当年用过的物品时，便从家里找出了从1937年10月至1938年10月，董老在武汉"八办"用过的一件毛背心和一个公文包。中午12点左右，何妈妈与征集组全体人员共进了午餐。饭后，大家一起合影留念。结束访问后，何妈妈与全体征集人员一一握手告别。张志善说："何妈妈，在您感到适当的时候，请到武汉"八办"来作客，我们一定最热情地接待您。"

2002年8月，国家文物局来到武汉，对武汉"八办"旧址纪念馆的馆藏文物进行鉴定。董必武的这件黑色公文包，系牛皮所制。公文包长38厘米，宽25厘米，内分四层，两个铜扣带上刻有"上海华成厂造"字样。该公文包系董必武1938年在武汉担任中共中央长江局民运部长和中共代表团成员时使用的。此后，公文包伴随着董必武历经艰难岁月和战争的洗礼，一直保留在身边。经鉴定，为国家一级文物。

睹物思源，这件普通的公文包记载着一段不平凡的历史。1937年9月，董必武受中共中央委派从延安来到武汉，住在汉口府西一路安仁里二号，在这里，董必武一方面恢复和发展湖北、武汉地区的党组织，营救被国民党关押的共产党员；另一方面着手筹建八路军武汉办事处，开展统一战线工作。1937年10月经董必武与国民党当局交涉，八路军武汉办事处在安仁里一号正式建立，主要负责为八路军、新四军筹集军饷及各种军需物资。1937年12月南京沦陷，八路军南京办事处的工作人员撤到武汉，参加了武汉办事处的工作。由于工作人员骤增，办事处机构扩大，安仁里的房子不够使用。为扩大办公面积，董必武亲自与汉口市政府商榷，1937年12月下旬，将八路军武汉办事处迁至大石洋行。这时董必武也从安仁里二号搬到了大石洋行二楼的一套房间里办公并居住。1937年12月9日至14日，中共中央在陕北洛川召开政治局会议，决定由周恩来、秦邦宪、项英、董必武在武汉组织中共中央长江局，统一领导南部中国各省党的工作。1937年12月23日，中共中央长江局和

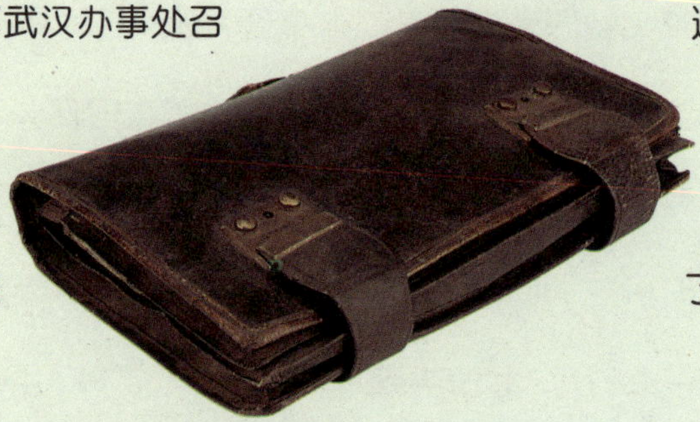
董必武在武汉时使用过的公文包

中共代表团在八路军武汉办事处召开第一次联席会议，决定将两个组织合并，对外称中共代表团，对内称中共中央长江局，长江局机关秘密设在办事处内。

董必武时任长江局民运部部长，在武汉期间，为了推动国共两党联合抗日，他积极开展抗日民族统一战线工作，先后会见了一大批国民党高级官员和知名人士，如故交石瑛、严重、张难先、李书诚、周苍柏、李范一等，向他们介绍中国共产党的抗战方针、路线和政策，团结一切抗战的力量，争取抗日战争的最后胜利。通过董必武的宣传和动员，国民党上层一些进步人士对共产党的抗日主张有了新的认识，从中受到深刻的教育和启迪。为了改编南方红军游击队，组建新四军，董必武也做了大量工作。1937年10月8日，董必武致中共中央电："关于南方游击队区域，应坚决保持其为战略支点，是绝对必须的"、"南方各地游击队似以集合成为一个军归八路军指挥为好"。10月29日，董必武在给张闻天、毛泽东的信中说："高（高敬亭）部已集合二千余人，那里的党组织缺乏"、"我们特申请派得力军事指挥员、政治工作人员、参谋人员等，并函郑（郑位伤）、高（高敬亭）要他们把军队照红军规模组织起来"。董必武还亲自到红安七里坪高敬亭部传达中央指示，动员抗日，并从长江局和八路军武汉办事处派出几批干部，去

加强鄂豫皖部队，骨干力量使改编工作得以顺利完成。为了发展和扩大我党领导的抗日武装力量，董必武以中共中央代表的身份，积极开办抗日游击训练班，先后在湖北应城、红安七里坪、汉口富源里、武汉大学、鸡公山等地举办了各种训练班，培养了大批干部和抗日骨干，增强了党的战斗力。

董必武 1938 年在武汉

1938年春，为吸收广大进步青年，中共中央决定延安抗日军政大学、陕北公学、鲁迅艺术学院、女子大学等在武汉招生。长江局在武汉办事处设立招生委员会，由董必武任委员会主任，负责招生工作。董必武亲自介绍了许多进步青年和学生以及革命烈士的后代到延安去学习。其中革命青年钱远镜是他亲密战友钱亦石的儿子，董必武亲笔写信推荐他到延安抗日军政大学学习。据不完全统计，从1938年5月至8月，通过八路军武汉办事处介绍去延安的青年就有880名。许多到延安学习的进步青年以后参加了八路军、新四军，成为抗日的骨干，为抗日战争和解放战争的胜利作出了贡献。

从1937年9月至1938年10月武汉沦陷，董必武在武汉工作和生活虽然只有一年零一个月，但是，他在这段时间的工作是卓有成效的，具有重要的历史意义，在武汉抗战史上留下了光辉的一页。这件公文包是我们缅怀老一辈无产阶级革命家董必武为中华民族的独立和人民的解放事业奋斗的历史见证。

带你走进博物馆

中国人民解放的斗士——叶剑英

提起叶剑英，国共两党的军界谁人不知，哪个不晓：他行伍出身，毕业于云南讲武堂；早年追随孙中山参加革命，二次东征时任革命军海军陆战队营长，曾掩护孙中山脱险；他信仰马列主义，1922年参加了中国共产党；一战时期，他应廖仲凯之请，任黄埔军校教授部副主任，成为很有威望的教官之一；南昌起义前，他说服张发奎，使南昌起义顺利进行；他参加领导了广州起义；1928年，他任中央苏区第一路军总参谋长，长征中，他揭露了张国焘另立中央、分裂党的罪行，挽救了革命，挽救了党；1937年7月7日，抗日战争爆发，在中国共产党的推动下，抗日民族统一战线建立，他任国民革命军第八集团军参谋长；1938年，他与周恩来等一道，与蒋介石会谈，将第二次国共合作推向了高潮。

1937年11月下旬，叶剑英同八路军南京办事处人员一起撤离南京，乘汽车经芜湖抵达武汉。

12月中旬，中共中央长江局成立，叶剑英为成员之一。他的主要任务是协助副书记周恩来搞好统战工作。

1938年，随着战争形势日趋复杂，叶剑英在武汉的工作更加紧张繁忙。他身处同国民党谈判交涉的第一线，既要同王明、周恩来、秦邦宪、董必武一道，出席中共代表团和长江局的联席会议，讨论有关军事和其他各方面的问题，又要

带你走进博物馆

出席国共两党关系委员会会议，谈判有关共同政治纲领以及团结抗战，边区地域、政府组织、军队扩编、财政供给等一系列问题。在谈判中，叶剑英分析日军进攻的形势，将毛泽东和中共中央来电提出的关于长江南北作战部署和华北、西北设防的意见，想方设法转达给蒋介石。与此同时，他还同各方面爱国民主人士商谈救国救民的大事，为此长江局专门设立了"友军工作组"，在其领导下专做军事统战工作。叶剑英和周恩来在武汉曾先后接见了川军邓锡侯、刘文辉及滇军龙云的代表，交谈合作抗日、互相帮助问题。与卢沟桥抗日名将何基沣洽谈后，介绍他去延安参观访问。在台儿庄战役中负伤的国民党一二七师师长陈离来汉治疗，叶剑英闻讯后，立即与董必武等去医院看望慰问。陈深为感动，诚恳表示伤

愈重返前线后，加强国共合作。周恩来和叶剑英还与一些战区司令长官联系，商谈该战区所在地区设立"民众运动委员会"、"抗敌工作委员会"等机构团体，开展抗日宣传、组织等工作。

1938年1月，叶剑英受中央委托，陪同周恩来、董必武向新四军第四支队负责人高敬亭等传达中共中央关于开展敌后游击战争，发展抗日武装力量的指示，要第四支队从湖北黄安七里坪、河南确山竹沟向东挺进抗日，建立敌后根据地，坚持游击战争。他还先后到中共湖北省委在黄安七里坪主办的游击战争训练班和国民党在武昌珞珈山主办的短训班、冯玉祥在武昌的手枪营，主讲《论持久战》和游击战术的课程，对官兵和青年学生们进行敌后游击战争的教育。5月，徐州失守后，他又与周恩来一道向中共河

带你走进博物馆

带你走进博物馆

南省委书记朱理治、省委军事部部长彭雪枫等传达中央《关于徐州失守后华中工作的指示》，要求河南省委立即贯彻执行。河南省委根据指示，对广泛开展全省各地的游击战争作了具体部署，并动员一万多城市工人、学生、革命分子回乡开展工作，沿陇海、平汉线组织游击队，建立根据地。以后省委又派肖望东率部挺进豫东敌后，成立新四军游击队，开辟苏鲁豫抗日根据地。

为了适应战争形势的变化，长江局加强了对中南、华南地区中共地下组织的领导。广州失陷前，中共广东省委书记尹林平请示长江局，要加强农村工作建立农村小块游击区，组织和扩大工农武装，准备打游击战。负责军事工作的叶剑英立即复电同意，并作了具体指示。

由于历史原因，叶剑英在国民党军界，尤其是在上层高级将领中享有很高的声望，一些真心抗日、即将奔赴前线的将领们都十分愿意找他交谈，听取这位第十八集团军参谋长的意见。3月上旬，桂系将领白崇禧奉命去徐州协助第五战区司令长官李宗仁指挥作战，临行前特意把周恩来、叶剑英请到自己的住处，诚恳地请教五战区对日作战方略等有关问题，周恩来、叶剑英详尽地提出建议后，还亲自送毛泽东的《论持久战》给白崇禧。白走后不久，周、叶又派张爱萍以八路军代表的名义去见李宗仁，劝他在济南一带、徐州以北抵抗日军，与日军打一仗。这些建议为白、李二人欣然接受，客观上促成了台儿庄战役的胜利。

叶剑英在武汉同各方面的接触很多。他不但派干部到新四军，动员一些青年学生去解放区，利用各种机会做国民党军队的工作，还要做海外华侨的工作，与宋庆龄、何香凝密切交往。抗战当中，海外华侨捐献了大批钱物。这与叶剑英的努力是分不开的。

为了扩大共产党和八路军坚持抗战的影响，叶剑英公开发表了许多文章和讲演，宣传和介绍毛泽东的《论持久战》的思想和党的统一战线政策。叶剑英还同周恩来、秦邦宪分别会见国际友好人士斯诺、艾黎、斯特朗、马海德、史沫特莱、爱泼斯坦等，同他们亲切交谈，宣传抗日，争取国际援助。

1938年5月，叶剑英因去香港就医，

叶剑英介绍武汉会战战况

路经广州，当时日军正向武汉步步紧逼，并有传言要进攻广州。广州民众中弥漫着一种惶恐不安的气氛。在这种情况下，叶剑英不顾病痛，决定在广州小住，利用这个机会与中共地下组织负责人云广英等取得联系，了解情况并给予指示。同时以合法身份同国民党军政界及各界友好人士接触座谈，安定人心，促进统战工作。他还应邀去广州中山大学和广雅中学看望师生，发表讲演。根据广大师生最关心、迫切需要弄清的问题，讲了"日寇会不会进攻广东"、"这次中日战争局面怎样发展下去"、"国共两党最近的关系"、"苏联会不会帮助中国呢"、"八路军的近况怎样"等六个问题，对大家存在的疑虑问题一个一个作了回答，博得一阵阵掌声。最后，他说道："中华民族正如一叶扁舟漂流于革命的高潮中，它最后能否达到自己独立自由幸福的彼岸，或中途深沦于苦海，这种命运是操在我们民族自己的手中，而看我们是否抗战到底的最后决心来决定。"

叶剑英还时常举行记者招待会，回答他们的提问，并参加各种乡友、诗友聚会，谈诗论文、咏唱山歌，激发大家的抗战热情。他还接见了《抗战大学》的主编陈华，应邀为其《红五月专刊》题词："民族解放的血花"，并嘱陈华邀请国民党在广东

的要人李汉魂、陈铭枢、李振球、曾其清以及国际反法西斯同盟委员鹿地亘、池田幸子夫妇等为其刊物题词，扩大统一战线。

叶剑英在香港就医时，曾到九龙元朗"萌华庐"潘君勉家中作客，受到热情款待，并与潘家人合影留念。潘在叶剑英的启发下，串连香港商界捐献巨款支持神圣的抗战事业，并通过叶的关系将两

叶剑英（左一）、李克农（右二）接受华侨捐献救护车

个侄儿送到八路军参加抗日。

为了答谢港、澳各界和海外侨胞对抗日战争的支援,叶剑英同八路军办事处同志多次写信或致电表示敬意。1938年8月27日,周恩来、叶剑英、廖承志、潘汉年致电新加坡各华侨团体表示:"诸侨胞忠诚爱国,累寄款项援助,不仅同仁等万分钦佩,益使我前线英勇将士为之感奋。"

叶剑英从香港返回武汉不久,日军对武汉发起了进攻。他和周恩来等根据毛泽东关于保卫武汉和坚持抗战总方针的指示,尽力敦促蒋介石当局发动群众保卫武汉,迟滞敌进,争取时间。

1938年10月21日,日军占领广州,国民党当局下令武汉实行紧急疏散。就在临撤退前的紧张时刻,八路军总司令朱德于22日飞抵武汉,参加蒋介石召开的军事会议。他住在武汉鄱阳街1号郭沫若家,彻夜和周恩来、叶剑英交换意见,然后面见蒋介石商谈八路军扩充编制,增加经费和派部队到华中战场开展游击战争及国共合作举办游击干部训练班等问题,国民党方面,由康泽出面招待朱德,并邀周恩来、叶剑英、郭沫若等作陪。过了两天,时局日危,由周恩来和叶剑英精心安排,秘密护送朱德去汉口机场飞往湖北襄阳,转经陕西三原,返回延安。朱德离汉后,周恩来、叶剑英即开始组织办事处人员、物资分三批撤离。第二批撤离人员在途中遭敌机袭击,大部遇难。25日凌晨,叶剑英和周恩来率最后一批撤离人员,在汉口沦陷前数小时乘大卡车离去。人民解放的斗士——叶剑英又开始了他新的战斗。

带你走进博物馆

带你走进博物馆

慧眼识英雄

武汉抗战时期，《新华日报》的一名战地记者，他不但有一股子拼命精神，而且才华过人。他多次深入前线，冒着枪林弹雨，进行实战观察和采访。他发表在《新华日报》上的通讯报导和文章，其质量在武汉报界可谓首屈一指，他本人堪称新闻战线上的一位英雄，他就是大名鼎鼎的采访科主任陆诒。陆诒所以有如此之成就，不能不提到慧眼识英雄的"伯乐"——秦邦宪。

1938年，《新华日报》在武汉出版发行，但缺少强有力的编辑人员，尤其缺少战地报导人员。时任中共中央长江局组织部部长的秦邦宪，不得不千方百计地去物色这类人员，当他从新闻界的知名

记者范长江那里得知陆诒有这方面的才能与实践后，就马上通知报社负责人何克全、潘梓年、华西园等，在汉口普海春餐馆宴请陆诒。他们边吃边谈，两人谈得十分投机。这次面谈给陆诒的印象特别深刻：秦邦宪穿着黑呢子中山装，高高的个子，带着一副深度眼镜，讲一口无锡官话。他热情地握着陆诒的手，欢迎他来报

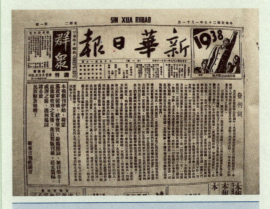

《新华日报》在武汉创刊

社工作，并对陆诒说，准备请他担任《新华日报》的编委兼采访科主任。陆诒曾在其他报社担任过外勤记者，不了解"编委"是什么意思。秦邦宪介绍说："我们共产党是通过党组织来领导报纸工作，具体地讲，中共长江局领导编辑委员会的工作。编委会是报社内部的集体领导机构，每个编委都是集体成员之一，不论党员或非党员参加了报社工作都是报社的主人翁。我们这里没有老板和雇员之分，办报靠党的领导和工作人员的集体努力，还要依靠广大读者和通讯员的支持。这就是我们与其他报社的区别。我们过去有过办秘密报刊的经验，在十年内战时期，也在苏区办过报刊。现在是抗日民族统一战线时期，要办一张公开发行的报纸，大家都没有经验，没有经验不要紧，经验从实践中来，我们可以边干边

学，边学边干。我们共产党人，对不懂的事就是要学习，在实践中是可以学到东西的。"他一再鼓励陆诒为办好《新华日报》做出贡献。

秦邦宪十分关心报社人员，经常与他们一起交谈和参加文体活动，当然同陆诒也一样。一次，秦邦宪参加完报社的编委会工作后，与大家一起打乒乓球。他笑着对陆诒说："怎么样，我和你打一局好不好？"陆诒不会打乒乓球，回答说："我对打球没有兴趣。"

秦邦宪笑了起来，诙谐地说："记者同志可不能这样说，作为一个外勤记者要与各种各样的人打交道，必须非常活跃，还要注意培养多方面的兴趣才好。不会应当虚心学习，不要首先关起门来。"

陆诒参加了徐州会战的采访工作，徐州失守多日才突围归来，秦邦宪紧握

带你走进博物馆

住他的手关切地说："徐州失守，我们许多人为你担心，两天前遇到与你同去徐州的范长江同志时，我还打听你的消息。他说你们是分道随军突围的，他也为你着急。现在你也回来了，真叫人高兴！这次报社要请一次客，慰劳慰劳你们，以鼓士气。"

他还掏出一支手枪塞到陆诒手中，诚恳地告诉他："这支自卫手枪，是一位参加过西班牙内战的同志送给我的，我现在特转赠给你。一个战地记者应当随时携带自卫武器，否则你在战场上如果和部队失去联系，遭遇到敌人，怎么办？"陆诒十分感谢。

三天后，新华日报社在普海春餐馆举行宴会，宴请徐州突围的战地记者和武汉各报社负责人。秦邦宪在宴会上致词说："……在这次徐州突围途中，同业之间能互相支持共同协作，充分表现团结战斗的精神，这是极其可贵的。希望今后继续发扬这种精神，进一步加强团结，作好抗战新闻工作。"

陆诒在《新华日报》上发表过多篇战况报导和采访文章。前线将士们的前仆后继、英勇作战、流血牺牲的精神，极大地鼓舞了后方广大军民的抗战热情。他本人不顾个人安危，多次赴前线采访的敬业精神，同样赢得了同行的广泛推崇和敬仰。他是秦邦宪为《新华日报》揽得的一位大英雄。

证 章 的 回 忆

在八路军武汉办事处旧址纪念馆保存着一件珍贵的革命文物——八路军证章。这枚证章是在抗日战争时期八路军武汉办事处工作人员佩戴的。证章呈圆形，用黄铜制成，直径3.2厘米。它的正面由三个圆圈组成，外圈呈大红色，上部铸隶书"第十八集团军"，下部刻有"廿七""年用"的字迹及两个小五角星，中圈为青天白日，内圈镀铬，中圈上刻"第八路"红色字样，下端刻有"259"编号。

这枚证章的主人是原八路军武汉办事处工作人员张明秀。张明秀1918年2月6日出生于四川省广元市。1935年参加红四方面军，参加了二万五千里长征，1938年担任长江局和湖北省委地下交通员。解放后任上海市第二医学院党委副书记。

1980年5月的一天，我馆工作人员来到上海，专程探望和访问在抗日战争时期任八路军副参谋长、后任新四军副军长兼山东军区副司令员罗炳辉将军的遗孀张明秀老人。老人满怀激情、热泪盈眶地将这枚已经珍藏了四十多年的极具珍贵历史意义的八路军证章捐赠给了我馆，作为永远对年轻一代进行爱国主义教育的历史见证。

抗日战争爆发后，武汉地区掀起了抗日救亡的高潮。1938年2月底，年轻的张明秀同千千万万的爱国青年一样，满怀革命的理想，从革命圣地延安来到白云

带你走进博物馆

黄鹤的故乡武汉，参加"八办"的工作。

当年抗战气氛日趋高涨。1938年3月国民政府组织"三八"妇女节等纪念活动，张明秀和武汉的抗日救亡团体一起参加了为期三天的集会游行等纪念活动。他们在街头进行抗战宣传，散发传单，唱抗日歌曲，捐物献金，动员广大群众参加抗战，有力地推动了以武汉为中心的抗日救亡运动的蓬勃发展。3月8日当天，张明秀与邓颖超、李德全、孟庆树等妇女代表出席了庆祝大会。随后又到汉口陆军医院慰问抗日将士和伤兵，向他们宣传国共两党团结抗战的道理。并鼓励他们早日恢复健康重返前线。4月7日，前方传来中国军队在鲁南台儿庄获胜的消息，张明秀和"八办"工作人员在董必武和罗炳辉的带领下身着八路军军装，佩戴八路军证章，高举着"第八路军办事处"的大旗，加入了声势浩大的火炬游行队伍，参加了庆祝大会。中共代表团和"八办"带头参加各种抗日救亡活动，对于唤起民众的抗战热情，坚定抗日必胜的信心，促进抗日民族统一战线的巩固和发展，起到了积极的作用。

1938年春，中共中央为了进一步组织广大青年抗日，壮大革命力量，决定在八路军武汉办事处设立招生委员会，为延安抗日军政大学、陕北公学院、鲁迅艺术学院等招生，并在《新华日报》上刊登了招生广告。长江局决定招生委员会由董必武、罗炳辉负责。地址在"八办"对面的一座楼房底层的一间房子内。当"第十八集团军招生报名处"的牌子挂出后，报名的青年络绎不绝，他们来自四面八方，有武汉三镇的当地人，也有外地人，许多还是从沦陷区逃亡出来的流亡青年，还有海

外侨胞，他们中间大都是青年学生，也有工人、职工，还有机关工作人员等，抱着不愿当亡国奴的决心纷纷要求到延安去学习。这些人有的冒着生命危险，有的冲破家庭、社会等层层障碍，克服旅途中的种种困难，辗转来到武汉。他们把救国救民的希望寄托在共产党领导的八路军、新四军身上，把延安看成是胜利的灯塔，新中国的曙光。张明秀老人回忆："为了保证招生质量，不让敌特分子和其他政治上不合格的人混入延安，我们做了大量艰苦、细致而又繁琐的工作。"在招生中，对有一定文化水平、年轻朴实、抗日救国态度坚决，愿在抗日战争中艰苦锻炼改造提高，社会关系中无重大问题，有培养前途的报名者优先录取。张明秀与报名者逐个谈话，了解其家庭及本人的情况以确定是否录取，最后由董必武把关。合格者由"八

办"的工作人员将他们全部集中起来，佩戴上八路军的肩章和符号，由武汉经西安送往延安。

八路军武汉办事处工作人员佩戴的证章

鉴于国共两党合作时期，考虑到国共合作关系和统一战线政策，凡友军官兵来报名的，工作人员都非常慎重，一般婉言说服他们留在友军以扩大国民党的抗日力量，促进国民党军队成为真正抗日的军队。但对个别态度坚决诚挚的，也有录取的。原国民党军队连长郑乃觉带着勤务兵刘成莫从安庆专程赶到"八办"报名，要求去延安抗大学习，坚决要求去延安。开始没有被录取，他就每天去招生办公室，一连谈了一个星期，就连来报名的其他人都很同情他，纷纷替他说情。工

作人员被他真诚的决心所感动，经长江局研究决定后，同意郑乃觉去延安，刘成莫留在"八办"警卫排。

周恩来、董必武、罗炳辉在"八办"曾多次会见许多来访的进步青年和学生，还介绍一些烈士子女、科技专家、文化界知名人士以及国际友人到延安或抗日前线。有许多人后来都成为了中国革命队伍的骨干分子。

张明秀与罗炳辉在革命战争年代结为夫妻，成为一对忠诚的革命伴侣。他们在"八办"工作时期做了大量的抗日救亡和统战工作。在武汉的献金热潮中和"八办"的工作人员一起节食素餐，将一个月的薪金全部捐出。罗炳辉当时是八路军副参谋长，经常与周恩来、叶剑英一起研究军事和统战工作。罗炳辉在武汉主要是做滇军（云南）的统战工作，张明秀和罗炳辉多次参加国民党上层军官的宴会，每次赴宴张明秀都亲自为罗炳辉穿上整齐的将军制服，亲手为他佩戴上八路军证章。中国共产党的领导人周恩来、董必武、叶剑英等人在武汉同国民党代表进行谈判和开展统战工作时也都佩带过八路军证章。

罗炳辉将军（1897～1946年）在山东峰县兰陵镇因病逝世，享年49岁。张明秀每当想起她和罗炳辉在"八办"工作、学习、生活的这段经历，她的脸庞立即神采奕奕，显得特别精神。这枚普普通通的证章见证了四十多年前的风风雨雨，闪耀着抗日烽火的光芒，现为国家一级文物。

伟大的慈母

八路军武汉办事处旧址纪念馆珍藏着一条围巾，为灰色暗花丝织，长141厘米，宽55厘米，两头虚边各为3.5厘米，中间来有五条白丝线，每条间隔10厘米。这条围巾是邓颖超抗战初期在武汉使用过的，为国家一级文物，它见证着邓颖超在武汉的光辉历史。

1937年12月18日，邓颖超同周恩来、王明等来到武汉，她在中共长江局负责妇女运动工作。

战时儿童的保护、教育，是妇女工作的重要组成部分。邓颖超在关心、保护、教育儿童方面做了大量工作，倾注了大量心血，作出了重要贡献。

1938年1月，邓颖超冒着凛冽的寒风，带着周恩来的警卫员"小八路"吴志坚，赶到汉口培心小学，看望长途跋涉、刚刚来到武汉的孩子剧团。

她来到一间教室里，只见孩子们睡在并起来的课桌上，二十二个孩子只盖十一床二斤重的棉被。寒冬腊月，孩子们身上还穿着夹衣和单衣，外加一件难民收容所发的棉背心。不少孩子身上、头上长了疥疮和虱子。看到这些情景，邓颖超十分心疼。

她慈祥而亲切地对孩子们说："孩子们，你们好！我叫邓颖超。周恩来同志让我代表他和八路军办事处的同志们来看望你们。你们小小年纪，却有很高的爱国热情，冒着敌人的炮火，走了几千里路，

对老百姓和军队进行抗日宣传，你们吃了许多苦，我们一定会帮助你们。"

孩子们欣喜万分，一下子围了上来，亲热地喊着："邓妈妈，邓妈妈！"

邓颖超在孩子们中间坐下来，摸摸这个孩子的头，拉拉那个孩子的手，详细地询问他们从上海到武汉的经历。当她听到孩子们一路上没洗澡，很少换衣服，不少人长了疥疮，身上长满虱子时，忙说："你们快把内衣脱下来，放在

邓颖超 1938 年在武汉时期用过的围巾

大锅里煮一煮，好消灭虱子。再买点过锰酸钾放在热水里，洗上几次澡，抹点硫磺膏，疥疮很快会治好的。"

孩子们听了邓妈妈的话，心里暖烘烘的，真像回到慈爱的母亲身边。几个小病号躺在隔壁教室里，邓颖超来到他们身边，问他们生了什么病，服过什么药，又问他们想不想家。八岁的裴黎小声说："为了打鬼子，才离开家，想也没法子。"

邓颖超听了这天真的话，笑起来了，摸着他的头，称赞他："小小年纪，有志气，是个好孩子。"

另一个小团员吴克强哭起来了，喊着："身上好疼呀，邓妈妈，我疼呀！"邓颖超坐在他床边，拉着他的手，柔声安慰他："好孩子，忍耐点，我会让你们团长很快请医生来给你们治病。病好了，你又可以上台唱歌、跳舞，宣传抗日，把万恶的日本鬼子早一点赶出中国！你说好不好？"说得吴克强破涕为笑。她见一个小

团员衣服扣子掉了，要了针线，顺手给他缝起来，真像妈妈对自己孩子似的。最后，邓颖超依依不舍地同孩子们一一握手告别，并说："过几天我会再来看你们。"

几天后，邓颖超又来看望孩子们。她朗声说道："八路军办事处的同志们听说你们生活困难，大家从自己的生活费中，捐给你们七十六元，又从社会上募捐了一百二十八元，给你们治病，添补衣服、棉被，改善生活。"

以后，邓颖超又去看过他们，帮助孩子们安排好生活、学习和工作。

1938年2月9日下午，八路军驻武汉办事处举行欢迎会，热烈欢迎抗日宣传的小英雄们。周恩来、邓颖超派吴志坚坐了一辆大卡车，把孩子剧团的小演员接到办事处。王明、周恩来、博古、叶挺、叶剑英、邓颖超、郭沫若都参加了欢迎会。

孩子剧团到学校、工厂、机关和街头演出抗日的歌曲、小剧，受到普遍的欢迎。

国民党武汉市党部送来"最后通牒"：明天上午8点，市党部派卡车来，接孩子们到市党部宣传大队。孩子们急得不得了，想来想去，只有找周伯伯、邓妈妈了。

周恩来对孩子剧团团长坚毅地说："坚决抵制收编，明天天不亮你们就乘第一班船，到石灰窑矿区去。那里有演剧一队、二队，可以照顾你们。国民党市党部要是问起，就说你们赶着去给工人演戏，来不及辞行了。"邓颖超得知孩子剧团安全离开武汉，到了石灰窑矿区的消息后，心头才松了一口气。

不久，郭沫若在周恩来劝说下，出任国民政府军委会政治部第三厅厅长。孩子剧团直属第三厅。第三厅集合了许多进步文化人士,可以帮助孩子们更好地学习、工作,邓颖超更加放心了。

武汉失守,孩子剧团撤退到重庆。邓颖超和周恩来常去看望他们。"不是亲人,胜似亲人",正是邓颖超和孩子剧团之间亲密关系的写照。

1937年年底,上海、南京相继沦陷。日本侵略军的铁蹄蹂躏着华北、华东大片国土。武汉街头有大批难童沿门乞讨,饥寒交迫,有的甚至倒毙在沿街墙角……

邓颖超看在眼里,痛在心里。孩子是祖国的未来呀!她焦急地考虑,如何想方设法抢救这些难童。从上海、南京、北平来到武汉的中共秘密党员和进步人士曹孟君、徐镜平、杜君慧、安娥、陈波儿等,也在商讨如何抢救难童。

邓颖超听了曹孟君、徐镜平的意见,断然说:"要把力量集中起来,组织各界人士,一起来抢救难童!"

邓颖超知道战区难童数量众多,抢救难童需要大量经费、房子、工作人员,必须有一位在社会上有影响而又热心肯干的人来主持这项工作。她想到了冯玉祥夫人李德全,她知道李德全的经历。

李德全比邓颖超大八岁,毕业于协和女子大学,曾任北京基督教女青年会总干事。1936年,她又在南京成立"首都妇女学术研讨会",开展妇女工作。邓颖超深知李德全思想进步,又在社会上有广泛影响,她和周恩来商量,由周恩来出面,到冯玉祥家中商议,请他夫人出来主持战时儿童保育工作。李德全慨然应允。

为防止流氓、特务的捣乱,她们商谈邀请蒋介石夫人宋美龄出面主持战时儿童保育会的成立大会。

战时儿童保育会成立后,聘请了二

百八十六位名誉理事：国民党方面有蒋介石、林森、冯玉祥、孔祥熙、孙科、宋子文、李宗仁等；共产党方面有毛泽东、周恩来、朱德、彭德怀、叶挺、叶剑英、博古、邓颖超、康克清等；还有各界知名人士蔡元培、郭沫若、沈钧儒、胡适、茅盾、老舍、邹韬奋、晏阳初；华侨界有陈嘉庚、胡文虎；国际友人有斯诺、史沫特莱、斯特朗、鹿地亘、司徒雷登等，真是极其广泛的阵容。可以说，邓颖超全力支持、推进成立的中国战时儿童保育会，是第二次国共合作开始后最早成立的抗日统一战线团体。

邓颖超当选为中国战时儿童保育会的常务理事。宋美龄任理事长，李德全任副理事长。

保育会成立后，立即邀请各地知名妇女成立战时儿童保育分会。短短几个月，广东、江西、安徽、浙江、广西、贵州、湖南、成都、陕甘宁等地成立分会，连香港和南洋群岛也有分会成立。

1938年4月4日，邓颖超在《京华日报》上发表了题词："保育儿童是伟大的事业，不仅要救济与教育难童，尤其要以坚毅精神，培养儿童，成为建设新中国的主人。"

保育儿童需要大量经费，主要依靠募捐。经济委员会主任李德全带头承担了五百一十一个儿童的生活费（每个儿童一年生活费为一百元），副主任黄琪翔夫人郭秀仪承担四百四十二名儿童的生活费，蒋介石、宋美龄每人承担二百名儿童生活费，邓颖超和周恩来各捐出一个月工资。文化、教育、金融等各界人士、华侨及国际友人、家庭妇女和小学生都踊跃捐款。"伤兵之母"蒋鉴女士拿出全

邓颖超与孩子剧团
在八路军武汉办事处门前合影

教师十多人,奔赴郑州、开封、徐州和台儿庄前线,冒着敌人的炮火,抢救了几百名难童。6月曹孟君又带领一批教师和医务人员,赶到湖北孝感,在敌机轰炸下抢救难童。各地分会也纷纷抢救难童。

邓颖超对抢救难童工作倾注了大量心血。当武汉吃紧,战火逼近时,邓颖超组织、领导共产党员和进步人士努力抢救几千名难童,分批去四川。邓颖超亲自布置罗叔章到湖北、河南交界的均县抢救五六百名难童,交给她一封宋美龄亲笔写的委托状和介绍信。罗叔章赶到均县,带着男女老幼六百多人,从均县溯汉水到陕南汉中,再沿嘉陵江到达重庆,辗转行程两千多里。邓颖超非

部家产捐给保育院。

随着经费的落实,抢救难童的工作开始了。邓颖超领导"武汉小学教师战地服务团"的中共党支部书记赵荻芬,动员和组织了许多教师、学生到武汉街头收容难童,在武汉最先成立了临时保育院,收容了几千名难童。

邓颖超直接联系的保育委员会主任、中共秘密党员曹孟君和徐镜平带领男女

常牵挂这批难童，连发三封电报给沿途中共党组织，请他们协助罗叔章做好难童的转运工作。

中国战时儿童保育总会先后在各地建立了五十三个分会，共抢救、教育了三万名难童，保育会工作一直坚持到抗战胜利。邓颖超作为常务理事，一直关心、支持着这项事业，为新中国培养了大批人才。

五十年后的1988年3月10日，在北京庄严雄伟的人民大会堂，举行了中国战时儿童保育会成立五十周年纪念大会。几百名当年的难童，如今已是新中国的作家、画家、音乐家、剧作家、导演，文教、科技工作者和党政军机关的干部，一

战时儿童保育会主要负责人合影
（左起：李德全、冯弗伐、邓颖超、安娥、张维真、陈逸云、刘清扬、郭秀仪、谢兰郁）

起出席了大会。他们中，有著名画家伍必端，著名作曲家杜鸣心，著名指挥陈贻鑫，中央乐团副团长杨秉荪，中国音乐学院副院长李华瑛，中国芭蕾舞团副团长蒋祖慧等。原国务院总理李鹏，当年也曾随他母亲赵君陶在保育院生活过几年。他们十分怀念保育院那些可敬可爱的院长和老师，更感谢当年组织、领导这一工

带你走进博物馆

作的邓妈妈。

邓颖超给纪念大会发来贺信，她高度评价了保育会在抗日烽火中为抢救儿童所作的贡献，对为战时儿童保育事业作过贡献的保育工作者，表示崇高的敬意和深切的怀念之情。

1986年12月，邓颖超为当年担任第三保育院院长的中共党员赵君陶逝世一周年题词："在抗日战争中用伟大慈母的爱培养下一代。纪念君陶逝世一周年"。

其实，邓颖超对赵君陶的题词，同样适用于自己。在她身上凝聚着共产党员的高度党性，也跳动着一颗伟大的慈母之心！

带你走进博物馆

郭沫若在政治部第三厅

在八路军武汉办事处旧址纪念馆的展览大厅里，陈列着一套郭沫若抗战初期在武汉穿过的西服。这套西服呈深蓝色并带灰色细条纹，裤子口袋的白布上，有用毛笔写的"白圭"字样。1985年，西服由纪念馆从北京郭沫若的女儿处征集。郭老的抗战回忆录《洪波曲》第一章对"白圭"的由来有过这样的记载："香港的救亡工作当时也相当紧张，公开的欢迎会、讲演会，差不多每天都有。我在进行着出国的事，连护照都已经弄好了，用的是"白圭"的假名。"在荷兰国际主义大师伊文斯所拍摄的《四万万人民》中，就有郭沫若穿着这套西服在武汉讲演的镜头。这套西服是郭沫若任国民政府政治部三厅厅长时，为推动抗战文化的发展，掀起全中华民族抗日狂飙的历史见证，为国家二级文物。

1938年1月，蒋介石想利用郭沫若的声望来给他网罗人才，特邀请他任三厅厅长之职。郭沫若本不愿到国民党政府机关任职，加之陈诚事先没有征求他的意见，就安排军统的刘健群任三厅副厅长去抓实权，又以请客吃饭为名骗郭沫若去参加他的第一次部委会议，还在会上大谈"一个主义，一个政府，一个领袖"，这些，都使郭沫若十分恼火。为了抗议国民党的这种做法，郭沫若经周恩来同意，离开武汉去了长沙。2月1日，政治部下属各厅除三厅外，都已组成并开

始工作。而副部长周恩来、第三厅厅长郭沫若都没有来，这使蒋介石和陈诚十分难堪。恰巧，刘健群因桃色事件调离武汉，由司法行政专家范扬任三厅副厅长，使事情出现转机。周恩来认为应从速把三厅组建起来，以便开展抗日宣传工作，所以要郭沫若的夫人带信到长沙请郭回武汉。

4月1日，三厅正式成立，一大批文化界知名人士，如洪深、冯乃超、史东山、应云卫、马彦祥、冼星海、张曙

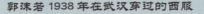
郭沫若 1938 年在武汉穿过的西服

等都参加进来，真可谓群贤毕至。

为了加强党对三厅的领导，在三厅领导层成立一个秘密党小组，在各处干部中组建一个秘密党支部，由冯乃超任支部书记。

三厅成立后打响的第一炮，就是举行了抗战扩大宣传周。这是抗日战争爆发后，由中共领导的在国民党区域第一次大规模的抗日宣传活动。

4月7日，扩大宣传周的第一天，恰巧传来李宗仁指挥的军队在台儿庄取得了歼灭日军万余人的大捷。这个消息在当时日寇步步紧逼，我军节节失利的情况下，是十分鼓舞人心的。上午，整个武汉市欢腾起来，抗战歌声、口号声、鞭炮声连续不断，增加了宣传周的热烈气氛。周恩来、郭沫若和三厅同志临时决定，把下午的宣传周开幕大会和庆祝台儿庄的胜利大会结合起来，并在会后举

行火炬游行。除了通知自带火把外，阳翰笙还亲自带人到江边向渔民购买废纤藤作火把运到大会场。据估计，武汉三镇共有10多万人参加了火炬大游行。有些参加过北阀的同志说，北阀军打到武汉时，也没有这样规模的群众场面。通过这次抗战扩大宣传周，三厅的名声大震。

三厅成立后震撼人心的又一次宣传活动，是纪念"七·七"抗战一周年。为了鼓舞全民的抗战意识，周恩来先同三厅的党组织研究决定，要大规模地举行"七·七"一周年纪念活动。6月下旬，三厅积极进行筹备，郭沫若拟了宣传计划，包括献金活动。计划很快得到陈诚和蒋介石的批准。蒋介石批准计划后，还破例地单独接见郭沫若，并当场批拨了1.5万元的特别经费。

献金活动的每天清晨，各处献金台

周围都挤满了人，献金的人争先恐后，络绎不绝地走上献金台，对灾难深重的祖国献上一片心意。献金的人有国民党官员，有工商资本家，最感人的是穿着

政治部第三厅厅长郭沫若在演讲

带你走进博物馆

破衣的工人、农民、小学生、老太婆，还有乞丐。

给群众印象最深的是由中共代表团和八路军办事处的负责同志和工作人员组成的中国共产党献金团。他们乘坐的汽车挂着"中国共产党献金团"的横幅，格外醒目。沿途受到行人鼓掌欢迎。他们到达汉口江汉关献金台时，群众情绪达到高潮。王明代表中共中央将1000元党费献上；接着，周恩来上台献出在政治部7月份的薪金340元；王明、董必武、博

献金盛况

古、林伯渠、吴玉章、邓颖超六位参政员献出7月份的薪金，每人350元（毛泽东在延安也打电报捐献一个月参政员的工资）；八路军战士还节食一天，将省下的1000元由李克农代表八路军参谋长叶剑英献出；另外，长江局和"八办"的工作人员都献出一个月的薪金。在武汉的影响下，有些大城市以及香港和海外华侨，也都采取不同形式，为抗日的将士进行募捐活动。

由于周恩来、郭沫若的正确领导，阳翰笙、胡愈之、田汉、冯乃超等同志及三厅的中共党员、进步文化人士的共同努力，使三厅成为党领导下的统一战线组织，不仅在工作上取得了巨大成就，而且在斗争中提高了三厅全体人员的政治觉悟和业务水平，培养了大批人才，为以后的工作打下了很好的基础。

李克农豪气制凶顽

1937年12月，周恩来以中共代表团的身份来到武汉，参加与国民党蒋介石商谈国共两党合作的抗日大事。

1938年的一天，张治中、康泽等一批周恩来过去在黄埔军校的同事和学生邀请他赴宴。周恩来在大革命时期，曾任黄埔军校政治部主任，国民革命军第一军少将政治部主任兼第一师党代表，是位颇有威望的黄埔"老人"。既然对方盛情相邀，他当然却之不恭。由于长期的工作关系，中共长江局秘书长李克农对自己的老上级周恩来敬佩尊重，照顾有加。他非常关心周恩来的安全，决定陪同前往。

周恩来的专用轿车来到饭店，早有等待在门口的副官上前相迎，进到宴会厅后，周恩来、李克农同迎上来的张治中、康泽等一一握手问好，然后分宾主落座。在优雅的音乐声中，他们闲谈起来。

中央的餐桌周围坐着与黄埔有关的军官们。周恩来、李克农和张治中、康泽在正当中，其他人在周围。离中央较远的地方另有一桌，大都是西装革履，李克农凭着经验，一看就知道是几个报社的文人。这是第二次国共合作的最好时期，他预感将有一场"文斗"即将进行。

宴会开始了，国民党将领张治中致热情洋溢的祝酒词，他回顾了第一次国共合作时期创办的黄埔军校，赞扬了国共两党的第一次合作，颂扬全民族统一战线的建立，预祝抗日战争取得胜利。最

后，他代表黄埔的老同事和学生祝周恩来先生身体健康、事业有成。接着，周恩来致答谢词：他首先感谢老同事及老同学的盛情之请，高度赞扬了中国军队的爱国主义精神，并提议为在抗日战争中牺牲的将士默哀三分钟，最后提出，只要坚持抗战，坚持持久战，胜利必将属于中国人民！

酒席上，觥筹交错，大家轮流向周恩来敬酒。素有海量的周恩来频频举杯，一饮而尽。几个不怀好意的黄埔后生，预谋着使用车轮大战，轮番上前敬酒，想乘机把周恩来灌醉，出出这位共产党大人物的"洋相"。其间，虽经张治中将军多次暗示，要他们不要这样，但那几个不识时务者仍不

李克农在"八办"

肯甘休。坐在周恩来身边的李克农一见情况不妙，就急忙起身为周恩来代酒。李克农早有"酒豪"的美誉，他叫来饭店招待员，换上二十个玻璃大盏，首先站了起来大声说道："诸位！诸位！我代表中共代表团和八路军武汉办事处同仁，敬各位长官一杯。"话毕，一大杯酒一饮而尽。随后，他将所有的大杯倒满，抱拳拱手，指向几位不怀好意人中的"头领"，称道：这位兄长请了，敢问贵姓？此人三十出头，长的尖嘴猴腮，嘴上还叼着一支香烟。他站起来，堆着满脸的笑（但只见皮笑肉不笑，实在令人恶心）说："兄弟免贵姓胡。"李克农道："哦，原来是胡兄，我见胡兄特别好客，不如我同胡兄喝上几

杯。"于是先将三大杯放在自己面前，又将另外三大杯放在胡的面前，当即说了声："请了，先干为敬。"一大杯就倒入了口中，接着将第二杯、第三杯一饮而尽。李接着说："胡兄，现在就看你的了，喝完这三杯，咱们再接着干，你看如何。"在场的国民党军官无不目瞪口呆，一个个都傻了眼。几个不怀好意者才知道共产党是有备而来，连忙上前劝阻，生怕搞成一场"偷鸡不成反失一把米"的局面。李克农此时面不改色心不跳，拱起双手说道："谢谢诸位，谢谢大家。"李克农凭着他的豪气，取得了这场"文斗"的胜利。

酒席过后，有人请来了摄影师，说给大家合影留念。李克农心中早已有底，他为防止有人利用这张照片去做文章，拍照时就已想好，必须把底片毁掉。

第二天，李克农来到那家照相馆，说想看看底片。那时的底版，因受技术条件的限制，都是用玻璃做的。李拿到底版，举过头看了看，然后假装失手，底版"哗啦"一声掉在地上，顷刻成了碎片。店老板不解地望着眼前这位戴着高度近视眼镜的八路军军官，连声叹道："可惜，可惜！"

抗日战争初期，发生在武汉的鸿门宴最后以豪气制顽凶而结束。

带你走进博物馆

钱之光和他的水晶印章

钱之光生于1900年，浙江诸暨人。1927年2月，加入中国共产党。在其后的岁月之中，他用毕生的精力和心血为中国的革命事业及新中国的建设作出了巨大的贡献。在中华民族抗击日寇的年代中，有一枚水晶印章和他一起经历了那一段艰苦卓绝的岁月。

这枚水晶印章现珍藏在八路军武汉办事处旧址纪念馆，是1984年纪念馆工作人员到北京访问钱之光同志时，经本人同意，由其夫人刘昂捐赠给纪念馆作为馆藏文物的。2000年，印章经国家文物局专家鉴定为国家一级文物。此印章做工精美，外表晶莹剔透，长5.6厘米，宽1.4厘米，印面为正方形，上面刻有"钱之光"三个字，并配有一金属皮面制成的精致印盒。每当看到这枚水晶印章，总会让人回想起那段整个中华民族都应当牢记的历史。

1927年7月大革命失败后，在白色恐怖下，钱之光转入地下斗争，在上海负责党中央秘密印刷厂工作，印发党的报刊材料，宣传党的纲领。1933年到中央苏区，任中华苏维埃共和国临时中央政府国民经济委员会委员、对外贸易总局局长，为当时苏区的军民提供了战斗和生活所需的物资。1934年参加了红军二万五千里长征。1937年11月下旬，南京失守前，钱之光同志带领南京办事处的部分工作人员来到武汉，参加了武汉办事处的工作，担任八路军武汉办事处处长，同时兼任新四军驻汉办事处处长。当时他的那枚水晶印章就伴随他在武汉抗战时期发挥了重要作用。

八路军武汉办事处是中国共产党设在国民党统治区的一个公开办事机构。根据国共双方达成的协议，八路军、新四军的军需弹药均由国民党政府供给。因此，"八办"每月到军需署领取军饷，到军政部有关司署凭钱之光的这枚水晶印章盖章后领取枪支、弹药、服装、药品、医疗器械、军事通讯器材等物资。每次领到物资后，钱之光同志都要负责联系运输车皮和其他交通工具，组织工作人员将物资送往八路军和新四军各地。这些工作都离不开钱

之光的这枚水晶印章。在物资紧张的情况下，钱之光还派人到长沙、广州、香港等地募集军需物资，将募集到的物资送往延安和各抗日根据地。"八办"除运送军用品外，还运输机械设备和原料，如纺

钱之光在"八办"

带你走进博物馆

钱之光的水晶印章

织、皮革、造纸等，同时运送各种办公用品以及日常生活用品。在钱之光的领导和工作人员的努力下，在近一年的时间里，"八办"为八路军和新四军运送了上万套的军服、军鞋、军毯，大批枪支弹药及各种救护用品，为延安和各抗日根据地运送了数十万斤的大米和面粉以及四火车皮的皮革、机械、造纸、毛纺等机械设备，有力地支援了八路军和新四军在前线的抗战，巩固和发展了抗日民主根据地，为最终夺取抗日战争的胜利做了卓有成效的工作。

新中国成立后，钱之光曾任政务院财经委员会委员、纺织工业部副部长、党组书记等职务，是新中国现代纺织工业的主要奠基人。

钱之光用他光辉的一生为祖国做出了巨大贡献，他的精神激励着我们应当用自己的行动为中华民族的伟大复兴而不懈地努力！

《新华日报》社工作人员合影

初创的《新华日报》

哎！卖报！卖报！《新华日报》！买新华，中央报。哎！好消息，中国军队在台儿庄打了大胜仗啊！李宗仁将军接受武汉记者访问啊！《新华日报》发表祝捷社论啊！

抗日战争初期，作为国民政府的临时首都武汉的车站、码头、商业中心，每天清晨到处都能听到报童这种清脆响亮的吆喝声。《新华日报》是中国共产党的机关刊物，1938年1月9日在武汉出版发行。她像茫茫长夜中的一盏明灯，在国民党统治区域宣传我党的主张，揭露国民党的黑暗统治，为抗日战争、解放战争的胜利做出了重大的贡献。

1937年，中共代表秦邦宪在南京与蒋介石的谈判中，就曾提出筹办《新华日报》。当时正值国共两党达成释放一切政

带你走进博物馆

治犯的协议，一大批优秀的共产党员从国民党监狱中被释放出来。秦邦宪抓住这个好时机，从中选拔了潘梓年、章汉夫、钱之光、徐迈进、袁冰等人作为办报的骨干，投入了紧张的筹备工作。

蒋介石对《新华日报》的出版采取各种方法进行阻挠。国民党政府以南京报刊过多为由，拒绝共产党在国统区办报。

国民党政府迁到武汉，办报人员撤退到武汉，但出版报纸仍然受到国民党当局的阻挠。1937年12月21日，中共代表团代表周恩来、陈绍禹、秦邦宪等与蒋介石会谈时，坚持出版《新华日报》，蒋介石只好表示："对此完全同意"。12月23日，长江局会议通过以陈绍禹为主席的党报委员会组成名单。委员由陈绍禹、周恩来、秦邦宪、何伟、潘梓年五人组成。报馆设立董事会，由长江局直接领导，成

员是陈绍禹、秦邦宪、吴玉章、董必武、何克全、邓颖超6人。后又决定社长为潘梓年，华岗任总编辑，总经理为熊瑾玎，章汉夫任编辑部主任，筹办多时的《新华日报》终于在汉口创刊。国民党元老、著名书法家于右任为《新华日报》题写了报名；冯玉祥、孔祥熙等国民党要人为其创刊题词。

1938年1月9日，报馆为庆祝创刊，在汉口普海春餐馆设宴招待武汉市党政军领导人及文化界、新闻界人士，国民党武汉市市长吴国桢等应邀参加。《新华日报》的出版，为国共合作开辟了新的途径。

《新华日报》从一开始就进行着限制与反限制，封锁与反封锁的斗争。报纸刚刚出一个星期，数十名暴徒手持铁棍，私自闯入营业部，割断电话线，捣毁什物，又窜到排字房，幸亏工作人员保护得比

较好，排字房没被完全捣毁，仅推倒一两个大号字字架，损失还不很大。当日，中共中央代表团与中共中央长江局召开第三次临时会议，作出《中共中央长江局关于新华日报馆被捣问题的决议》，指出："此举为贺衷寒（国民政府军事委员会政治部第一厅厅长）等受叶青（曾是中共党员，1928年被捕后叛变，担任国民党中央宣传部副部长）挑拨所致。"提出："由代表团将今日事件及最近汉奸、托匪在报纸、杂志上挑拨的言论和事实电蒋，请他设法制止"，"由恩来、剑英同志分访武汉党政军当局，要求采取有效方法，保证今后不再发生此类事件。"《新华日报》登一启示，声明当日事件之真相，并在近期招待各界谈话，要求各界主持公道。

《新华日报》在中共长江局的领导下，大力宣传积极抗战的精神，及时向国统区人民报道共产党领导的抗日武装打击日寇的英勇战绩，同时积极报道国民党军队在正面战场大兵团抵抗日军的战况，特别是对台儿庄大捷和徐州会战给予了热情报道，还对国统区的抗日救亡运动予以积极引导，促进了抗日民族统一战线的发展与巩固。

由于《新华日报》坚持中国共产党的抗战主张，很快成了战时首都最受欢迎的报纸。创刊之初每天的销量就达2万份，4月以后达到5万份，这在当时是中国报刊中的"销量之最"了。

在山河破碎、中华民族危急的年代，整个中国都充满着仇恨和反抗的力量，一篇文章就可能化作一把火点燃冲天的烈焰，许多青年在《新华日报》的影响下，决心投身抗战。

他们在武汉，在国统区读到《新华日

报》，了解了中国共产党的抗战主张，了解了八路军、新四军英勇抗战的事实，不再相信延安是什么"匪区"，而是一个条件虽然艰苦，但充满勃勃生机的抗战力量的地方，许多青年就是怀揣一张《新华日报》找到武汉，找到八路军武汉办事处要求参加八路军，要求到延安。

8月20日，国民党因不满共产党在民众中的广泛影响，以武汉卫戍总司令部的名义下令解散中共领导的青年救国队、民族解放先锋队和蚁社三个群众团体。次日，《新华日报》针锋相对地发表社论，对其表示强烈抗议，他们又勒令《新华日报》停刊两天。周恩来出面与他们交涉，卫戍总司令部不得不同意《新华日报》照常出版。

10月24日深夜，在武汉即将沦陷的危急时刻，周恩来再一次来到汉口《新华日报》社，为报纸口述了一篇《告别武汉》的社论，指出："我们只是暂时离开武汉，我们是一定要回来的，武汉终究要回到中国人民手中"。这时停了电，整个武汉一片漆黑，工人们只好用手摇印刷机印报。周恩来把报社所剩下的最后一批工作人员召集起来，告诉大家说："国民党已经离开了武汉，蒋介石也走了，但我们一直工作到现在，这是因为我们是共产党人，共产党人就应该冲锋在前，撤退在后，现在大家可以上车了"。最后，周恩来与地下党派来帮忙的印刷工人一一握手告别，并坚定地说："你们留下坚持战斗，我们一定会回来的！"这时已是25日凌晨，炮声已清晰可闻了。此时，《新华日报》已在重庆开机付印，天亮将与山城人民见面。

《群众》周刊

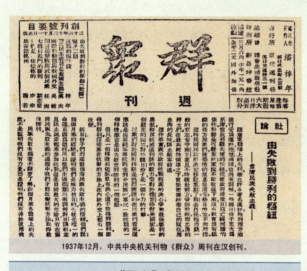

1937年12月，中共中央机关刊物《群众》周刊在汉创刊。

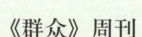

《群众》创刊

　　大街小巷的报刊亭在武汉这座繁华的大都市里随处可见，然而在70年前的今天，我们党要创办一份属于自己的党报党刊，广大人民想看到一份自己喜欢的报刊，却要历尽艰辛，克服重重困难。

　　1937年9月，党中央派董必武到武汉筹备建立八路军武汉办事处。南京失守后，国民党的重要机关均迁往武汉办公，武汉成为全国抗战的中心。与此同时，北平、天津、上海、南京等大城市的许多文化人及报刊也随之云集武汉，武汉成了新文化的宣传中心。

　　为了巩固和发展抗日民族统一战线，坚持持久战的方针，在周恩来同志的直接领导下，原本准备在南京创刊的《新华日报》随着南京即将失陷，报纸筹备人员潘梓年、章汉夫、吴敏、徐迈进等同志从南京撤退到武汉，在成忠街53号设立筹备处，筹备出版《新华日报》。由于国民党表面上口头允诺支持，但实际横加阻挠，致使《新华日报》处于

带你走进博物馆

难产境况。

同志们一方面不放弃出版党报的计划，报请党中央交涉力争，一方面了解到办刊物比办报容易的情况，决定先出版一个刊物，定名为《群众》。

当时出版法规定出版一个刊物，需要六百元的基金保证。在那种艰苦的年代，我们的同志如何变出这么多钱来作为基金保证？面对困难，同志们锲而不舍。11月底的一天，徐迈进去汉口市政府进行登记。接待他的是一名青年人，徐迈进向他说明来意及出版宗旨和艰苦创业的情况，最后说："我身上只有六块钱，今天登记不成吧？"没想到青年人递过一张表格请徐迈进按规定填写，并说："我上报时可签注意见，你们确有这么多基金，不就行了。"徐迈进喜出望外，紧紧握着青年人的手，连声感谢。国难当

头，我党团结抗战的方针深受广大人民拥护，只要有一点点爱国热情的中国人，都愿意伸出援助之手，为抗日救国出力。

1937年12月11日，我党的第一个党刊《群众》周刊，在国民党统治区公开发行。在此期间，潘梓年担任发行人，由汉口读书·生活出版社总经销。

《群众》周刊如漫漫长夜里的一盏明灯，给广大人民群众指明方向，又如一声声铿锵有力的号角，让广大人民群众听到中国共产党的声音。为此，国民党感到无比恐慌，他们采取各种手段破坏和阻止刊物的发行。经常扣留稿件，即使是刊登的文章也被改得"面目全非，四肢不全"。订有《群众》的用户也成为特务盯梢的对象，他们还经常截留邮件使订户收不到刊物。在这种艰苦的环境中，《群众》的工作并没有停止。

《群众》出版的初期，国民党对人民的言论出版自由来不及进行压制。在此期间，《群众》发表了不少有关推动群众运动的文章。在武汉沦陷前夕《群众》迁往重庆，于1938年12月正式出版，再一次成为人民的喉舌和号角。1939年5月初，日本帝国主义的飞机在重庆上空狂轰乱炸，使《新华日报》被迫停刊。在这期间，《新华日报》的时论、专论均在《群众》上发表。实际上《群众》已担负起党报的任务。《群众》经常发表分析战局的文章，配合《新华日报》粉碎国民党散布的"纳粹闪击战"的神话。据统计，1938年10月至1946年3月周恩来在《群众》上就发表了13篇文章，经他亲笔修改的文章更不计其数。

解放战争时期，为了向海外和国统区的人民继续宣传，1947年1月我党又在香港出版《群众》，许多撤到香港的著名专家学者为周刊撰文，如胡愈之、沙千里、千家驹等，著名的战局述评家廖沫沙用怀湘笔名发表了许多脍炙人口的专论。当时中共中央华南分局的领导人方方很重视《群众》周刊，三年的时间里，方方为《群众》撰稿共有30篇。无疑，在战争的年代里，读了这些文章，更使人意气风发、斗志昂扬地去夺取胜利。

《群众》周刊从抗日战争到解放战争，一直宣传中国共产党的政治纲领，宣传马克思列宁主义、毛泽东思想，宣传党的抗日民族统一战线，推动爱国民主运动，团结广大群众，为民族解放事业建立了不可磨灭的业绩。

1949年9月这个在国民党统治区和香港艰苦奋斗了12年之久的党刊——《群众》，光荣地完成了它的历史使命。

带你走进博物馆

抗日烽火中的一朵奇葩

少年儿童，是蓓蕾，是花朵，是快乐的天使，是全社会关注呵护的对象。他们本应安静地坐在课桌前，他们本应快乐地走进公园，在父母的呵护下尽情地玩耍。然而，在七十年前，在日本法西斯点燃的战火中，这一切都被化作灰烬。他们的家被日本强盗的铁蹄踏破，他们的亲人惨遭法西斯杀害，他们只得沿街乞讨，挣扎在死亡线上。在中华民族处于生死存亡的危急关头，有这样一群孩子，大的十四五岁，小的八九岁，在中国共产党的领导下，自愿组成歌咏队，积极投身到波澜壮阔的抗日救亡运动中。他们不愿做亡国奴，他们要张开小小的喉咙呐喊，喊出中华民族最强劲的声音；他们不愿跟随大人去逃难，他们要振臂呼唤，唤醒千千万万个中国人去为国抗争，为家而战；他们不愿在日本侵略者的刺刀前倒下，他们要挺起瘦弱而坚强的脊梁，扛起中华民族争独立、争自由的希望。他们就是抗日烽火中诞生的一朵奇葩——孩子剧团。

孩子剧团这面旗帜是全面抗战后的1937年9月3日在上海街头出现的。上海沦陷后他们一度在"孤岛"坚持斗争。中共上海地下党怕他们遭日寇迫害，决定将他们乔装改扮，化整为零转移到当时的抗战中心武汉。从11月18日到23日分五批躲过敌人严密的搜查、封锁，离开上海。他们背着行李，一路行军，一路演

叶剑英、董必武等与孩子剧团在"八办"屋顶花园合影

出，沿途风餐露宿，辗转几千里来到武汉，由于长途跋涉和饥饿劳顿，许多孩子都病倒了，不少团员身上长满了疥疮和虱子。正当孩子们像幼苗渴望阳光雨露的时候，邓颖超受周恩来的委托代表八路军武汉办事处全体同志来到孩子剧团驻地——汉口洪益巷小学看望全体团员，给他们带来党的关怀和温暖。

2月9日是孩子们终生难忘的日子，八路军武汉办事处举行了欢迎会，隆重欢迎这批救亡小先锋。办事处打扮得像过节一样，大楼沿墙上贴有："欢迎为民族解放而斗争的孩子剧团"，"小孩子英勇精神是大孩子的榜样"，"小孩子、大孩子联合起来打倒日本帝国主义"的标语，会议室里张灯结彩热闹异常。欢迎会上办事处招待主任——一名小八路致开幕词，他说："我代表办事处全体同志欢迎我们民族最优秀、千辛万苦从敌人刀枪下跑出来的为解放而斗争的小战士，勇敢的小英雄。在《新华日报》上看到了你们由上海到武汉的经历，打心眼里敬佩你们。我们要向你们学习，并用你们的精神，把全国同胞组织起来，对敌人作拼死的斗争，早日把日本帝国主义赶出中国。"致完欢迎词后，小八路代表将办事处与会人员作了介绍，他们是周恩来、王明、博古、叶剑英、郭沫若、叶挺、邓颖超等。郭沫若激动地说，今天是他回国后最快乐的一天，他勉励孩子们在困苦艰难的磨练中成长起来，他说，中国要跟着你们一道成长起来！接着周恩来作了热情洋溢的讲话，他赠送孩子们"救国、革命、创造"三种精神，并勉励孩子们，"要一手打倒日本帝国主义，一手创建新中国。"随后孩子们为大家演唱孩子剧团团歌："流浪儿，流浪儿，流浪街头没饭吃，爸爸妈妈全被杀，我们要在炮火下长大，替爸爸妈妈报仇，团结我们的小力量，帮助大人杀东洋……"，这动人的歌声几次被"打倒日本帝国主义"、"日本帝国主义从中国滚出去"的口号声所打断。歌声悲壮而凄凉，震撼全场每个人。周恩来也难过得低下了头，从人群中挤出去站在走廊上擦眼泪。会后，邓颖超与孩子们依依道别，并在"八办"门前合影留念。

第二天，《新华日报》发表了八路军武汉办事处举办欢迎会的报道，不少少年儿童踊跃来参加孩子剧团。从此孩子剧团大大活跃起来：他们走上街头、郊区、农村、中小学校、工矿企业进行宣传演讲，教唱救亡歌曲，与在汉各团体联合会演，还帮助一些中学生和儿童团体组织儿童座谈会，和他们一起到街上宣传。

先后在汉演出了儿童剧、话剧《火线上》《捉汉奸》《孩子血》《复仇》《仁丹胡子》《团结起来》《农村曲》《帮助咱们游击队》《法西斯的丧钟敲响了》等。他们还参加了由人民音乐家冼星海、张曙组织的大合唱和水上火炬大游行。孩子们的爱国行动震撼了广大爱国军民、文艺界同仁志士和爱国民主人士。一时间，文化名人、民主人士纷纷前往孩子剧团驻地，为他们写诗、题词、画像、谱曲。茅盾先生称"孩子剧团是抗战血泪中产生的一朵奇花"；郭沫若赞扬孩子们是中国最伟大者……；邵力子给孩子剧团题词"赤子之心，大汉之声……"。

由于孩子剧团名声大震，遭到了国民党顽固派百般刁难，千方百计想遣散这个革命的救亡团体。

一天，国民党汉口党部宣传部负责人兼国民抗敌后援宣传大队长廖应钟跑到孩子剧团来，盘问他们怎样到八路军武汉办事处的，并威胁说：以后八路军办事处来了什么人都要向他们汇报。今后演出和一切活动都要经过他们的批准和备案。还说要把孩子剧团的团员送进难童教养院或者编入国民党汉口市党部的下属团体。不久，国民党汉口市党部突然通知孩子剧团，说要在第二天上午8点派车子来接他们并让他们带上全部行李到党部。正当他们不知如何是好时，不约而同地想到了周恩来同志的话："今后遇到什么困难来找我。"于是他们派了几位代表来到八路军武汉办事处，邓颖超热情地接待了他们，马上引见给周恩来和叶挺。听完他们的汇报，叶挺气愤地说："不去，跑！"第二天清晨当江汉关的钟刚刚敲过6点，孩子剧团的团员已乘船驶向黄

带你走进博物馆

石石灰窑，深入工人群众中并继续他们的宣传抗日救国工作。最后在周恩来、郭沫若同志力争之下说服陈诚将孩子剧团编在政治部第三厅属下，并在周恩来同志的指示下，孩子剧团发展了共产党员、青年团员，建立了党支部。前后参加剧团的孩子多达110余人。

由于国民党反动派发动第二次反共高潮，抗日进步团体的处境越来越坏，战斗五年，途经八省，历尽千辛万苦的孩子剧团被迫在重庆解散了。在周恩来和邓颖超的关怀下，部分孩子被送往延安学习，一部分就地安排工作或上学，解放后他们中间有的成为作家、艺术家、教授、高级工程师，还有的在各条战线上担负一定的领导工作，为建设新中国作出了应有的贡献。

孩子剧团的历史是中国人民反对外敌入侵、第一次取得伟大胜利的历史中一个章节，他们的英勇气概和强烈的爱国主义精神将激励我们当代少年儿童，为把我国建设得更加繁荣昌盛而努力奋斗！

带你走进博物馆

一面珍贵的抗敌宣传二队队旗

在八路军武汉办事处旧址纪念馆里珍藏着一面灰布制成的旗帜。幅长80厘米，宽42厘米，正面竖向印有两行白字，右侧是"国民政府军事委员会"，左侧是"政治部抗敌宣传第二队"。队旗是1984年"八办"纪念馆派人专程到北京何惧同志家征集到的。2002年由国家文物局专家组鉴定为国家一级文物。

大家看到这面旗帜，一定想知道"抗

"抗宣"二队队旗

宣"二队是怎样的一支队伍吧？

1938年的武汉，已成为全国抗战的军事、政治、经济和文化的中心。为了加强军队的政治工作，1938年2月10日，国民政府军事委员会政治部在汉成立，陈诚任部长，周恩来、黄琪翔任副部长。政治部下设四个厅，郭沫若任第三厅厅长，主要负责抗日宣传工作。周恩来同志鉴于当时的处境，衡量了当时的内外形势，提出一个突破性的建议，就是把在武汉各地分散活动的一些演剧队和歌咏队，合编成 10 个抗敌演剧队和 4 个抗敌宣传队，隶属于政治部第三厅。有了"政治部第三厅"这块招牌，就可以"用他们的钱，演我们的戏，唱我们的歌"了。

"抗宣"二队于 1938 年 8 月 16 日在武汉成立，成立时有二十余名队员，队员们很年轻，平均年龄 20 岁左右。队里实行供给制，除衣食由队里供给外，每月发给生活费 2 元（后来增加到 6 元）。虽然生活比较清苦，但是队员们在"抗日救亡"这个大集体里彼此紧密团结，精神焕发，生气勃勃。"抗宣"二队与其他演剧队、宣传队一道在武昌昙华林进行了短期培训，内容包括政治学习、业务准备和军事训练。郭沫若和胡愈之等给他们讲课，戏剧理论、表演、化装、舞美等方面

的业务课由洪深、石凌鹤等著名戏剧家主讲。集训结束时，举行了汇报和交流演出。在抗敌宣传队和演剧队分赴各战区之前，政治部第三厅举行了授旗仪式，周恩来同志亲临讲话，他用毛主席《论持久战》的精神分析了国内外的政治形势，并号召全体队员"到前线去，到民众中去，为抗日战士和广大人民服务"，这是一声多么嘹亮的动员令！它给了队员们巨大的鼓舞，后来他们也正是本着周恩来同志指示的这种精神，在极其艰难复杂的环境下开展各自工作。随后，周恩来同志认真

演剧队在帮助农民收割

地为十四个分队制订了分赴各战区前线的计划和行动路线。

授旗仪式后，"抗宣"二队在队长何惧率领下，高举队旗从武汉出发，经长沙到南昌，先后到过5个省、23个县、47个镇，近200个村，行程达一万余里。"抗宣"队员也由原来的20余人增加到60余人。他们坚持在东南战场战斗了730天，演出33个剧目，组建9个青年歌剧团体。除此之外，他们还进行教唱、漫画、壁报、广播、标语、家庭访问、为难民代写家信等活动，对各地群众的戏剧、歌咏、讲故事、演讲等活动进行了辅导，并担任伤病员及地方武装的政治教员。"抗宣"二队的演出装备除几块幕布、一只化装箱外，几乎是赤手空拳，每次演出，灯、服、道、效都靠就地取材。简陋的演出条件却取得了较好的演出效果。他们演出的抗战剧和演唱的救亡歌曲曾惊醒许多人的迷梦，唤起了不少人的乡思。唱流亡曲的在台上哭，观众在台下哭；《大刀进行曲》像一把火，从台上烧到台下，台上的情绪激起台下的共鸣，台下的共鸣更提高了台上的情绪，在那种情形下，"交流"这两个字已不足以形容它，是共同创造使台上台下融成一片……

"抗宣"二队及其他演剧宣传队的活动引起了国民党当局的极大恐慌，他们在骨子里害怕演剧宣传队发动人民群众，害怕人民中间的进步势力进一步扩大。1941年"皖南事变"后，国民党顽固派对周恩来同志亲手培植的抗日救亡文艺团体进行了残酷的迫害，从以前实施歧视和监视，转而直接采取解散、逮捕直到杀害的手段。"抗宣"二队被迫解散后，队长何惧一度被软禁，副队长谢筱四处奔

带你走进博物馆

走，设法报告周恩来同志，才将何惧营救出来。不久，金黎、徐家俊、程九仞等几名队员又遭逮捕，并被投入上饶集中营，金、徐二人在"赤石暴动"中冲出牢笼，程九仞被敌人枪杀在狱中。后来其他队员转移到了抗日根据地。

这面队旗虽经历了血与火的洗礼，但在队员们的精心保护下却依然完好无损，它作为历史的见证，已成为我们开展爱国主义和革命传统教育的生动教材。

带你走进博物馆

中山舰

永不沉没的战舰

　　一支军队需要士气，一个民族需要奋进不息的精神。人们无法想像，一艘在20世纪初建造的舰艇，在它驰骋江海之时，曾激发起那么多仁人志士慷慨悲歌；在它沉没的半个多世纪里，会勾起人们深沉的眷恋；而在它重新浮出水面的这一刻，竟然在所有华夏子孙心底掀起了壮阔的波澜。人们把中山舰视为旷世无匹的国宝，实质上是在张扬着一种民族精神，以此推动中华民族的伟大复兴。

中山舰原名永丰舰，是1910年由清朝海军大臣载洵和北洋海军提督萨镇冰在日本三菱工厂定制的一艘钢木结构炮舰，价款白银68万两，1913年建成。该舰长65.837米、宽8.8米、型深4.5米、吃水2.4米，排水量780吨，双机单舵，最大航速每小时25公里，设主、副炮8门，舰员编制108至140人。

中山舰有着光荣而壮烈的服役史。1917年7月孙中山先生南下护法，永丰舰离沪赴粤，投入反对北洋军阀的斗争；1922年6月，陈炯明在广州发动叛乱，炮击总统府，孙中山先生登上永丰舰指挥平叛，历时55天；1925年4月广州革命政府为纪念孙中山广州蒙难，将永丰舰改名为中山舰；1926年3月共产党员李

之龙代理中山舰舰长，中山舰既是孙中山倡导的国共合作的象征，又是反映第一次国共合作产生裂痕的"中山舰事件"的历史遗存。

1937年，抗日战争全面爆发，中山舰等49艘军舰被国民党政府调入长江内，"以拱卫京畿（南京）"。这些舰只大部分被日寇飞机和舰炮击沉，或自沉于江阴、马当等所谓"阴塞线"上。1938年秋，京沪沦陷后，武汉成为日军进攻的主要目标之一。中山舰奉命参加武汉保卫战，担负从嘉鱼、新堤至武昌金口镇江面的警戒任务。10月24日上午9时，一架日军侦察机发现停泊在金口赤矶山江面的中山舰。中午时分，6架日军轰炸机突然袭击，中山舰奋起抵抗，共击落敌机2架。不料，装在舰首的高炮因长时间发射，出现故障停止射击。敌机乘隙俯冲，轮番轰

炸。一枚炸弹击中左舷舵机舱，舱裂水入，舵机失灵。接着，锅炉舱也被炸穿进水，舰桥被炸塌，高炮被炸毁，8名舵手壮烈牺牲，舰长萨师俊身负重伤。萨舰长拖着一条断腿，抱住铁柱不下火线，他向大家呼喊："坚守岗位，战斗到最后一兵一卒！"此时，炮弹告罄，人员伤亡过半，副舰长吕淑奋带领官兵用手提机枪和步枪对空射击。当敌机第三次俯冲轰炸时，随着震耳欲聋的一声巨响，舰身再次中弹，中山舰全船大火，下午3时50分，中山舰舰身倾斜40余度，伴着剧烈的轰鸣和冲天的水柱，开始迅速下沉，在沉没的刹那间，突然舰首高高昂起，仿佛在对敌人怒吼："中国人是不会屈服的！"勤务兵拼命背着身负重伤的舰长登上救生艇，但灭绝人性的日机飞行员竟然不顾国际法，低空飞行扫射，将救生艇击沉。舰上官兵坚守到最后一刻，除少数泅水生还外，多数官兵壮烈殉国。

人民没有忘记中山舰，共和国没有忘记中山舰，人们将永远怀念这些英勇抵抗外敌入侵，与中山舰共存亡的爱国英烈。在各级人民政府和社会各界人士的关心和支持下，1996年11月12日在孙中山先生诞辰130周年纪念日之际，打

中山舰舰长萨师俊

捞中山舰开工仪式在江夏金口龙床矶岸边隆重举行。1997年1月28日，人们终于迎来了那庄严而激动人心的时刻。上午10时20分，在陆海空三军乐队奏响的国歌声中，湖北省委书记一声"出水"令下，三颗红色信号弹升上天空，汽笛长鸣，威风锣鼓齐响，01117、01118号主抬驳上，24台卷扬机齐声轰鸣，钢缆收缩、收缩，起抬、起抬，一代名舰——中山舰终于洗去了埋沙59年的屈辱，重见天日，再现英姿。

中山舰打捞出水后，中共湖北省委、省政府，武汉市委、市政府对此极为重视，经过专家学者充分论证，决定将江夏区金口镇金鸡湖作为中山舰的陈列地，供人观瞻、凭吊、追思。现已开工建设的中山舰旅游区分为中山舰博物馆核心景区、军事游乐区、杜家海游乐区、民俗风貌区、旅游产业区等功能区，规划占地3.3平方公里。其中，投资1.2亿元的博物馆核心景区占地500亩，将于2008年完成工程建设和布展，向游人开放。中山舰这艘英雄战舰将开始它新的征程，世世代代对中国人民，特别是广大青少年进行爱国主义和革命传统教育，永不停航！

魂献蓝天的民族英雄陈怀民

1938年4月29日是日本的"天长节"（日本天皇的生日），为了以"辉煌战果"进献天皇，日本海军航空兵佐世保第二航空队出动60架飞机，沿长江向上游进犯。陈怀民和他的战友架机迎敌，一场规模庞大的空战在武汉上空激烈展开。

陈怀民和战友们纵横天际，正打得敌机阵容混乱之际，他以最灵活的战术一举击落敌机一架，随后又拨转机头，猎取新的目标。其它敌人一见情势危急，纷纷向他袭来，在5架敌机的围攻下，一串子弹击中了陈怀民的飞机。当此重要关头，只要跳伞，便可逃生，但是，陈怀民却以大无畏的英雄气概，猛推油门，拉起机头，以最高速度向一架敌机撞去。刹那

间，火花四溅，飞机在浓烟巨浪中翻滚，两条火龙落入江中，同归于尽。陈怀民用他那年轻的生命，捍卫了祖国的尊严，以他的血肉之躯实现了保卫中华的志向。

陈怀民成为中华民族的英雄，他魂献蓝天的英雄壮举绝非偶然。1916年他出生于江苏镇江。父亲陈于祥辛亥革命前赴日本士官学校学习，参加了孙中山先生领导的同盟会，并投身于辛亥革命。母亲是个刚毅、质朴的妇女，全力支持父亲的工作，协助父亲教育他们弟兄姐妹。父亲除教他认真读书外，每晚还教他们姐弟练习武术。每次习武时，父亲还编些歌儿让他们边练边唱："练好身体，强我中华，赶走列强，卫我华夏。"父母的

教育，使陈怀民从小就立志保卫中华。所以在他成年后，便给自己取了名字叫"陈我华"。

1932年，"一二·八"事件爆发，正在读书年仅16岁的陈怀民，眼看祖国领土被侵略者肆意践踏，决心投笔从戎去上海，参加蔡廷锴将军领导的十九路军中的大学生义勇军，鏖战于上海吴淞一带。日本军国主义的飞机对我们狂轰滥炸，而我国毫无制空权可言。当时有一位美国飞行员名叫肖特的奋起参战，他驾单机与日军机群作战，不幸英勇牺牲。这件事轰动了全国，也激发了陈怀民要当一名保卫祖国领空的飞行勇士的愿望。从此，他立志报考中央航空学校。为了实现自己的理想，陈怀民按飞行员的标准严格锻炼，终于在1933年1月考取了中央航空学校。

带你走进博物馆

那时，航校的教师大部分都是从各国聘请来的，他们对中国学生或多或少都有些偏见，认为中国青年天资愚钝。陈怀民为了给中国人争气，无论在文化、技术、飞行等科目的学习中，均能出色地完成任务。当时航校分侦察、轰炸、驱逐三个专业，其中驱逐机的飞行员要求最高，因为在战斗中驱逐机要与敌人直接空战，因此驾驶技术要求更严，反应速度必须更敏捷。在两百多名学生中只选出了二十多人学习驱逐机，陈怀民明知驱逐机在空战中牺牲的可能性最大、最危险，但他却以此为荣，以此为乐，他决心学习驱逐专业，经多方严格考核，终于被选定为驱逐机飞行员。

三年航校生活使他更加成熟了。1936年，20岁的陈怀民从航校正式毕业，被编入中国空军第四大队，任少尉飞行员。

1937年7月7日，卢沟桥的炮声将中华民族推向全面抗战的道路。陈怀民所在的空军第四大队奉命调到北平参加保卫华北的战斗。8月下旬，他又从北平调回南京参加保卫京沪战。9月19日，日本侵略军出动飞机百余架，大举轰炸南京。陈怀民奉命警戒浦口上空，正遇日海军驱逐机四架，他单机角逐，以一敌四，锐不可挡，数分钟后，击落敌机一架，其余敌机望风而逃，他穷追不舍，此时，突然发现一队机群，他误认为是友机，立即迎上去会合，不料是敌人的飞机，他却陷入了敌机的火网，他奋不顾身，左冲右突，以他高超的飞行技术，顽强的战斗意志，冲乱了敌机的队形。敌机依仗数量上的绝对优势，对他进行猛烈的围攻，他的飞机油箱不幸中弹，油尽弹绝。在这万分危急之时，机智勇敢的陈怀民临危不惧，采用螺旋式的飞行将飞机直坠下去，敌人以为他已被击落，当飞机离地面200米时，他突然改为滑翔式飞行，并将机身撞入树林，使飞机迫降。当敌人恍然大悟时，却再无法进行攻击，只好悻悻离去。

在迫降过程中，由于震动过大，陈怀民的身体被弹出座舱，挂在一颗大树上，隔了半个多小时神志才恢复过来，由于陈怀民肩部、胸部多处受伤，鼻梁被撞断，两颗眼球已突出眼眶。后经江浦县高望镇农民救护，把他送至城中医院抢救，后又转送南京中央医院治疗，再转芜湖、黄山、长沙医院疗养。"打仗就不能怕死，我上了天就没有想到要回来……"，他经常对家里人这样说，他的行动证明他确实在这样做。

1937年底，南京、镇江均已告急，他

父亲领着全家辗转武汉。陈怀民从长沙汀雅医院赶来看望他们。全家在异乡团聚，真是悲喜交集，他母亲想留他多休息几天，陈怀民说："国难当头，现在还不是团聚的时候"，他只停留了一天便回去报到，坚决要求继续参战。

1938年1月，陈怀民奉命去兰州接新飞机，同年4月，他两次出征台儿庄，协助地面部队作战。在一次与敌空战中，他油尽弹绝，只好弃机跳伞着陆，日军不顾国际公法，仍向跳伞的陈怀民扫射，致使他的腿部中弹。受伤后，他稍加治疗；休息了很短时间，又归队待命，准备迎接新的战斗。

今天，抗日战争胜利已60多年，而陈怀民牺牲已近70年了。他牺牲时年仅22岁，正是青春年华，应该得到欢乐、幸福、爱情……，但为了祖国的尊严，为了民族的解放，他献出了美好的青春。他是武汉人民的骄傲，也是整个中华民族的骄傲。在反法西斯战争中，正是无数个像陈怀民这样的民族英雄，才使我们伟大的民族巍然保全！

为了纪念我们的民族英雄陈怀民，将汉口日租界上小路改名为陈怀民路，武汉人民将永远怀念他。

一个不寻常的铝盆

八路军武汉办事处旧址纪念馆"武汉抗战"陈列展品中有一个用日机残骸制成的铝盆,直径37厘米,高12厘米。这是1995年吴鼎臣先生捐赠的。透过这个不寻常的铝盆,我们仿佛看到1938年那场空前激烈的武汉空战。

1938年春,日寇把主攻目标对准了武汉。2月18日,在26架战斗机的掩护下,日军12架96式轰炸机满载炸弹,直扑武汉。中国空军四大队代队长李桂丹立即命令所属3个中队起飞迎战,顷刻之间,一场激烈的空战打响了。这是武汉会战的首场空战,也是抗战以来少有的机群对机群的大空战。22岁的吴鼎臣驾驶着性能优越的苏制Е—15战斗机,四挺机关枪同时开火,刹时,敌机红光一闪。"打中了!"他兴奋地喊了一声,继续扣动机关枪射击,只见敌机飞行员的头一歪,敌机开始冒烟,直落而下。12分钟后,中国空军以损失5架战机的代价将敌机赶出武汉,共击落日机11架。

4月29日是日本昭和天皇的生日,日军企图在这天全歼驻汉中国空军主力,以向天皇祝寿。中国空军早已获悉这一

中国空军用击落日机的残骸制成的铝盆

带你走进博物馆

情报，并与苏联空军志愿队做好了充分的战斗准备。下午2时30分，日空军36架轰炸机和12架战斗机进入武汉空防警戒线。早有准备的中国空军第三、四、五大队的19架战斗机和苏联空军志愿队的45架驱逐机已在空中摆成了一个大口袋，只等日机来钻。经过30分钟的恶战，击落敌机21架，余下的狼狈逃窜。

在那天的空战中，吴鼎臣的飞机遭到了3架敌机的包围，子弹打得座椅背叮咚响，他一咬牙，准备拼掉前面的那架飞机，但右后侧一架日机从侧面击中了他的油箱，他的飞行服背后也被3颗子弹穿了6个洞，座舱顿时烟火弥漫。"跳！"他一推操纵杆，让飞机翻滚，然后借着离心力把自己从座舱中甩出来。跳出机舱后，

他抱头朝下，一直到距离地面仅1000米左右，才拉开降落伞。

当他摔落在武昌原南湖机场附近的水田里时，正在种田的老百姓一下子围了过来："你是日本人还是中国人？"他说："我是中国人。"老百姓立即把他送到医院急救。在他住院的一天，医生通知他说："周恩来先生来看你了。"他激动地用手想扒开满脸的纱布看看，"不要动，不要动。"周恩来一把抓住了他的手说："你的伤口还没有好，我们后会有期。"

为了纪念牺牲的烈士，吴鼎臣和战友将打下的敌机残骸，制成各种生活用品。这个铝盆既是他们的洗脸盆、饭锅、烧水壶，也是发现敌人偷袭时的报警器。

为国捐躯的郝梦龄将军

1935年，即将进入不惑之年的郝梦龄将军，对人生的意义进行了重新思考。他回首20余年的戎马生涯，自己身经百战，但大都是不义的军阀混战，所见皆为"流血千里"，处处尽是"人民遭殃"。为此，他深感忏悔和痛恨，此刻又逢蒋介石率军进江西"围剿"红军，他不忍连绵的内战，便请求解甲归田，但未得批准。1937年，他再度请求返乡，仍未获准，并被调到四川山洞陆军大学将官班学习。他偕夫人行至重庆，得知芦沟桥事变爆发，对夫人说："我是军人，半生光打内战，对国家毫无利益，日寇侵占东北，人民无不义愤填膺。现在日寇要灭亡中国，我们国家已到生死存亡的最后关头。我

应该去抗战，我应该去与敌人拼。"他毅然放弃去陆大深造学习的机会，立即返回部队，要求北上抗日，但仍未如愿，又被指调到庐山受训。他再上书请缨参战，军事当局见其报国心切，前线战事又吃紧，同意他率部队北上抗日。

郝梦龄及夫人一直住在武汉。1937年，他由贵阳率部队北上抗日路过武汉，与夫人和儿女告别，他抚着儿女们说："我爱你们，但更爱我的国家。现在敌人天天在屠杀我们的同胞，大家都应该去杀敌人，如果国家亡了，你们也没有好日子过了。"临行前，他写下遗嘱，封好后交给大女儿慧英，交待等他走后三天再拆开看，念给母亲听。13岁的慧英当时

带你走进博物馆

抗战将领郝梦龄

带你走进博物馆

硬要拆开看，他不忍看到行前全家哭哭啼啼的，就在与女儿对抢中将遗嘱撕毁，说以后再写一篇寄回。

郝梦龄率第九军开赴前线，兼程北上，到石家庄一带集结，阻击日军大举进攻。面对不可一世的日本强盗，郝梦龄毫不畏缩，誓死报国。他鼓励部下说："报国的时机到了，守土杀敌，抵御外辱是军人的天职，绝不能让国土在我们面前丢

失一寸。"由于他的慷慨激昂，身先士卒，战士们士气益加振奋，牺牲虽然惨重，但阵地却巍然未动。

后因晋北战事紧张，郝梦龄又奉命率部到忻口镇，支援在那里日夜血战的晋军姜玉贞旅。

自10月12日起，敌人以飞机、大炮、坦克发起十几次猛攻，由于郝将军和他的部下抱定牺牲的决心，坚决奋起阻击，终使敌人难以攻克我之阵地。至15日夜，第十四集团军总司令卫立煌亲临前沿阵地嘉勉全体官兵，并增加七个旅交郝梦龄将军指挥，令其向敌人袭击，左右翼同时出击策应，以期收到夹击敌人之目的。

夜2时，郝梦龄亲临前线，挥兵前进，突袭敌阵，连克敌人数座山头。至5时，天已微亮，他恐天明后我新阵地受敌飞机、大炮、坦克的火力威胁而难以巩固，

不如乘胜追击，将敌歼灭于俄顷，以期决战决胜。他继续挥兵奋进，追击敌人，在距敌200余米时，不幸身中数弹，但仍卧倒挥兵前进，待特务连士兵抢上前去将其救护出阵，他已以身殉国，光荣牺牲。

10月10日，郝梦龄由山西忻口寄给他夫人的家信是他最后的遗书，原函曰："余自汉出发时，留有遗嘱与诸子女等，此次抗战乃民族国家生存之最后关头，抱定牺牲决心，不成功即成仁，为争取最后胜利，使中华民族永存世界上，故成功不必在我，我即牺牲后，只要国家存在，诸子教育当然不成问题，别无所念……。"

10月24日郝梦龄将军的灵柩由太原运来武汉，武汉各界素车白马恭迎忠骸于汉口火车站达4000余人。武汉各界举行公祭，并下半旗致哀，由武汉行营主任何成浚代表蒋介石主祭。献花圈读祭文，数千人轸念忠烈，均为涔涔泪下。后以国葬仪式安葬于武昌卓刀泉，参加葬礼的各界人士达万余人。为纪念烈士的不朽功勋，国民政府将正式收回的汉口日租界北小路改为郝梦龄路。

一个记录中国抗战的外国人——伊文思

从清朝末期中国电影的启蒙，到今天中国电影事业登上世界艺术之高峰，无不浸透了广大电影工作者的苦苦探索与追求。在成功的喜悦和鲜花、花环的拥簇中，我们不能忘记曾经为革命苏区延安电影事业的发展和新中国电影事业崛起做出贡献的国际主义电影大师——尤里斯·伊文思。

1937年7月7日，日本帝国主义发动全面侵华战争，南京国民政府起而应战，以南京为指挥中心，组织了平津作战、湘沪会战、太原会战、南京保卫战等正面战役。中国军队几百万官兵，以血肉之躯筑起一道道防线，以激昂的爱国主义精神和崇高的民族气节，顶住敌军飞机、大炮、坦克、军舰的攻击，在纵横数千公里的国土上，与装备精良的敌军展开殊死搏杀，历经大小数千次战斗，以生命捍卫了中华民族的尊严。中国人民的英勇抗战，引起了世界各国人民的极大关注，不少电影工作者千里迢迢赶来中国，用摄影胶片记录下中国人民这一伟大斗争的场面。

首先来华的是卓越的国际主义战士，荷兰著名电影艺术家尤里斯·伊文思。

伊文思不仅是荷兰，也是美国好莱坞的著名导演及摄影师。从1927年起，他就开始了他的电影艺术生涯，并参加了当时进步的"荷兰电影同盟"。他到过苏联，拍摄了反映苏联第一个五年计划光辉成就的记录片。他还曾加入国际纵队，参加西班牙反法西斯的内战，拍摄了反映西班牙反法西斯斗争的著名影片《西班牙大地》，这部影片名列1937年世界十大名片的第五位，受到美国总统罗斯福的赞扬。

中国抗日战争爆发后，伊文思满怀对中国人民的同情和支持，在荷兰"当代历史电影公司"的赞助和中国华侨的资助下，经过周密准备，于1938年1月，带着摄影机和助理导演兼第一摄影师万农（荷兰人）、第二摄影师贾白（匈牙利人）组成一个摄制小组，经香港、广州来到武汉。他们来中国的目的不是为猎奇，更不是为发财，正如伊文思所说的，是"为了真理，为了真相，为了能尽自己对于保卫文化，保卫和平，反对侵略者应尽的力量，使世界人类公敌的狰狞残暴面目和为民族独立解放的中国英勇抗战的事实，能尽情地显露在世界人民面前"。时值台儿庄会战前夕，他们在武汉停留了几星期后就急赴台儿庄前线。在那里工作了十天，冒着敌人的猛烈炮火，拍摄下日机轰炸，难民逃难，人民群众抢救伤员及协助作战，中国军队将士英勇作战，缴获敌人几十辆坦克和众多的枪炮等珍贵镜头。为此，《新华日报》发表文章评论说："在

荷兰著名电影艺术家伊文思

带你走进博物馆

中国电影界没有一个人和一具开麦拉（指电影摄影机）到申浦北段去的时候，这三位欧洲的青年，早已到那里工作着，并且取得了惊人的成绩"，"这是使我们，尤其是使中国电影界惭愧的事"。

1938年4月20日，伊文思一行从台儿庄前线返回武汉，中华全国电影界、戏剧界、文艺界等抗敌协会，中国青年救亡协会，中国学生救国联合会，国际反侵略中国分会，中国文艺社，东北救亡总会等14个团体200多人于22日在汉口江汉路普海春餐厅举行盛大的茶话会，热烈欢迎他们。大会由田汉主持，安娥、沈钧儒、孔庚、方振武、陈绍禹、钱俊瑞、金山等相继致词，对三位年轻艺术家的行动表示钦佩。万农、贾白均发言表示，相信中国的反帝斗争会取得胜利。伊文思在答词中，高度评价了中国人民的斗争，认为

"中国反抗日本侵略者非人道之残酷行为，实为保卫全人类的和平而奋斗"，并表示要把自己拍摄的"中国英勇抗战的实地记录，向全世界进行宣传"。

随后，伊文思首次在汉口会见周恩来，周恩来努力争取他能去延安拍电影，伊文思欣然地接受了这一邀请。5月，他们在武汉八路军办事处的协助下到达西安，以便寻找机会到延安拍摄中国共产党领导人民抗日、八路军英勇作战的场面。因受国民党政府的限制和阻挠，未能成行，只到兰州拍摄了一些镜头。6月底回武汉后，时逢武汉举行献金运动、抗战将士纪念碑奠基典礼、郭沫若在群众大会上作演讲，他们又拍摄了这些珍贵的镜头。他们还巧妙地避开国民党当局的监视，到"八办"拍摄了周恩来、叶剑英介绍敌后战场形势以及周恩来、董必武、

叶剑英、博古等开会的情景。

当时，八路军政治部领导下的"延安电影团"成立不久，由于受战时资金条件的限制，电影团连一部摄影机都买不起，只能从事一些放映活动，因此对电影设备十分渴求。伊文思得知这一情况后，当即向中共在汉的领导人表示，愿意将自己带来的一台摄影机送给"延安电影团"。

那是一个初秋的夜晚，为了躲避国民党特务的盯梢，确保伊文思的人身安全，经"八办"精心安排，让从上海调往武汉的地下党员吴印咸负责同伊文思见面，完成接收摄影机的任务。按照事先约定的时间，一辆小轿车以飞快的速度驶

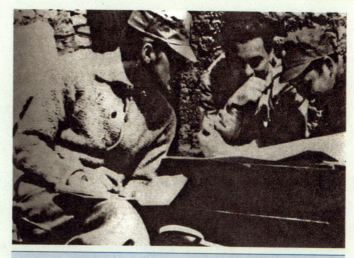

伊文思（左一）在拍摄《四万万人民》

向汉口郊区的万国花园（现解放公园），并在伊文思的面前停了下来。当伊文思得知在他面前的年轻人是我党派去取摄影机的同志时，心情非常激动，他以最快的速度将那台摄影机和3盒胶片交到吴印咸手中。由于过度紧张，双方连对方长什么样都没看清。伊文思只是连连地喊着"延安！延安！……"。由于环境险恶，他们之间没有更多的交谈，只是在黑黑

带你走进博物馆

的夜色中紧握着对方的双手，相互以示敬意。在昏暗的月光下，他们就这样匆匆分手离去，消失在夜色中。这部摄影机成为中国共产党创立的第一个电影机构——延安电影团的技术装备，记录早年延安岁月的影片就是由伊文思捐助的摄影机拍摄下来的，为延安的电影事业作出了贡献。

武汉告急时伊文思才经广州、香港到美国，把他在中国拍摄的上述素材，加上另一名美国记者在延安拍摄的有关朱德的镜头，剪辑成大型记录片《四万万人民》（又名《一九三八年的中国》），作为《今日历史》系列记录片的第二部（第一部为《西班牙大地》）。这是一部用活的事实编制的歌颂中国人民神圣抗战的史诗片。影片以《义勇军进行曲》的旋律配乐，极其真实地介绍了1938年的中国人民抗击日本帝国主义侵略的面貌，向全世界人民揭露了日本帝国主义的侵略罪行。后来，该片以中、英、法三种语言配音，在美、法、荷兰、比利时等国上映，受到这些国家人民的普遍欢迎，取得了极大的成功，从而为中国在世界上赢得了更广泛的同情和支持。最后，伊文思将这部影片的营业收入，购买了大量药品，送给了抗战中的中国人民。

当年的"延安电影团"，自有了伊文思赠送的摄影机后，在十分艰难困苦的条件下，拍摄了《延安与八路军》《白求恩大夫》《生产与战斗结合起来》《十月革命节》《边区生产展览会》《中国共产党第七次代表大会》等新闻记录片。伊文思为延安电影事业的发展作出的贡献和为建国后我国电影事业的发展所起的重要作用是永远不可磨灭的。

抗战初期史沫特莱在武汉

她，是一位美国的进步女作家、著名记者；她，是中国人民的忠实朋友；她，被周恩来誉为"一个伟大的美国人"，她的名字是：艾格妮丝·史沫特莱。

史沫特莱1890年出生在美国密苏里洲北部的一个村子里，早年当过工人。1919年赴欧洲，侨居柏林8年。1928年底她作为《法兰克福日报》的记者来到中国，进行长时间的采访，先后到过哈尔滨、上海、延安、山西、武汉……足迹遍及全中国。

1937年7月7日抗战爆发，随之上海、南京失守，武汉成为全国抗战中心。世界各地的记者纷纷来到武汉。1938年1月9日，史沫特莱以英国《曼彻斯特卫报》特派记者的身份，从前线（在山西五台山担任八路军随军记者）来到武汉。她先住在美国主教吴德施家里，几星期后，她在汉口租了一所小小的公寓，一边为《曼彻斯特卫报》写稿，一边为中国抗日战争呼吁、奔走。

史沫特莱从前线来到武汉，见到士兵受伤后得不到及时救护和治疗，一种革命人道主义和国际主义精神促使她参加了红十字会医疗队。为扩大红十字会医疗队，她四处活动。在她的努力下，红十字会医疗队建立了17个医疗小分队，并在长沙创办了战时急救训练学校，为抗战培训医护人员。由于史沫特莱和中国红十字医疗队的共同努力，战地救护

带你走进博物馆

工作迅速得到改善。到1938年夏天，已有58个红十字会医疗小分队活跃在各个战区。与此同时，她还把大部分时间和精力用在为中国红十字会募捐上。在汉口，美国和英国大使馆、标准石油公司、国民党的高级官员都曾在她的动员下提供过捐助。她最成功的一次募捐是在一个午餐会上，让时任财政部长的宋子文羞愧地捐出1万元中国法币支持她的工作。她还给纽约和香港的朋友写信，募集了大批捐款及医药等物资。当时，她将这些募捐来的救济物资存放在八路军武汉办事处，办事处曾派左仲平（解放后曾任辽宁军区副司令员）作她的警卫员。1938年初，时任115师参谋长的周昆携带一部分军款潜逃，给部队的开支造成了很大的困难。史沫特莱得知这一消息后，四处奔走活动。在她的努力下，终于募集到一大

笔款项。由于票面较大，钱之光同志派邱南章将这笔钱专程送到山西临汾附近的八路军总部。史沫特莱曾经和美国主教吴德施及其女儿弗兰西丝小姐以及在武汉的外国朋友集资到的一万零三百元捐款送到"八办"，并亲手交给正在武汉开会的八路军副总司令彭德怀。

在此期间，周恩来等中共领导人在"八办"会见过史沫特莱。

中国人民的抗日战争是正义的战争，为了让全世界更多的人了解和支持中国抗战，史沫特莱义不容辞地拿起手中的笔作为有力的武器，积极开展舆论宣传，在全世界范围内为中国抗战争取道义和物质上的支持。她作为英国《曼彻斯特卫报》特约记者，每周给该报发两篇航空稿。她为该报发出的第一批稿件内容主要是报道中国伤兵的悲惨命运，她写道：

"医疗站或大夫的景况只能说是糟糕透顶的。在被废弃的仓库、学校和庙宇里，伤员们躺在地上、草织成的破草席上或者平架在高脚凳的木板上，这些房屋常常是阴暗、潮湿，而且肮脏，地板破烂不堪……"这些报道在全世界传开后，博得了各国人民的广泛同情。许多人捐献药品和财物，援助抗日受伤的将士们。正是由于史沫特莱的宣传报道，1938年1月白求恩大夫受美国、加拿大共产党的派遣来到武汉，1938年9月柯棣华等人组成印度援华医疗队也来到武汉，开始了支援中国的抗战事业。

广州沦陷，武汉形势急转直下。史沫特莱在10月25号武汉失守前才和她的中国秘书罗凡驾驶着一辆装满医药用品的救护车，冒着敌机的轰炸，突破层层封锁离开武汉，到敌后寻找新四军去了。

史沫特莱在武汉住了将近一年，成为她在中国峥嵘岁月中最难忘的日子。她在后来写给友人的信中说："我有点迷恋汉口的魅力。在我这十年生涯中，它是美好的地方。"

由于长期以来废寝忘食的工作，史沫莱特的身体健康受到严重影响。她

周恩来（左二）与史沫特莱（左三）等
在八路军武汉办事处屋顶花园

1940年初到重庆，同年9月前往香港医治，次年返回美国，1950年5月6日病逝于伦敦。临终前她留下遗嘱，要把骨灰埋在中国的土地上。1951年5月6日，在她逝世一周年之际，她的骨灰被安葬于北京八宝山烈士陵园的苍松翠柏间，一块大理石墓碑上用金字镌刻着朱德写的碑文：“中国人民之友——美国革命作家史沫特莱女士之墓”。

带你走进博物馆

她曾战斗在武汉

——记日本国际主义战士绿川英子

在抗日战争时期，有这样一位日本女子，为了反对当时日本军国主义的对外扩张政策，毅然决然地"背弃"自己的祖国来到中国，与中国人民站在一起，并肩作战。她用日语向全世界广播，揭露日本军国主义侵略中国的罪行。在斗争中，她与中国人民结下了深厚的友谊，表现出崇高的国际主义精神。她就是日本国际主义战士——绿川英子。

绿川英子原名长谷川照子，1912年3月7日出生在日本山黎县猿桥一个中产阶级家庭。她自幼酷爱读书，勤奋学习，学生时代就写过许多小诗、随笔和短歌，表现出优秀的文学才能。1929年至1932年在日本女子高等师范学校读书期间，学习世界语，参加了左翼文化运动和反对日本军国主义的斗争。1936年，由于世界语的关系，与中国留日学生刘仁结为夫妇。1937年4月，她随刘仁秘密离开日本来到中国。他们先在上海，上海沦陷后到广州，与当地的世界语者一起，参加中国人民的抗日救亡运动。1938年7月，在时任国民政府军事委员会政治部第三厅厅长郭沫若等同志的帮助下，来到中国当时的抗战中心武汉，在国民党中宣部国际宣传处作对日广播工作。从此，她公开参加了中国的抗日战争。绿川英子的到来受到武汉各界群众的热烈欢

迎，这给予了她无比的欣慰和鼓舞。

1938年7月2日，绿川英子从她的住处上海路15号，来到设在武汉关附近的怡和街怡和洋行楼上的国际宣传处，做播音的准备工作。每天19时整，她那柔和而流畅的日本女中音，随电波传向四面八方，向日本国内人民，向正在中国作战的日本士兵，向全世界人民，揭露日本帝国主义在中国犯下的滔天罪行。她大声疾呼："日军同胞们！别错洒了鲜血！你们的敌人不在隔海的这里！……"。绿川英子的播音，不断冲击着成千上万个日军士兵的心灵。在前线，有的士兵放下手中的武器，有的士兵呼喊着亲人的名字剖腹自杀；在军舰上，有的士兵拒绝登上中国的大陆……。绿川英子那流利而富有战斗力的声音如标枪、似利剑，直刺日本军国主义的心脏。直到1938年10月

25日武汉沦陷，敌人才查明那个操流畅日语的播音员，就是长谷川照子。11月1日，日本东京报纸《都新闻》上刊出了绿川英子的照片并恶狠狠地咒骂她为"恶毒对祖国作歪曲广播的娇声卖国贼……。"这是当时日本军国主义者气急败坏的哀嚎。绿川英子在日本的父亲也因此受到株连。对此，英子嗤之以鼻，并久久沉浸在"振奋"之中。1944年她在自己所著的《在战斗的中国》一书的后记中说："这段时间仅有三个月……尽管很短，但却多么使人振奋，多么生气勃勃，多么紧张啊！……我看到了，听到了和感觉到了终生难忘的东西，而这些也定将感动任何国家爱好正义的人们。"法西斯的谩骂和迫害丝毫无损于绿川英子在日本人民心目中的正义形象，正如女作家泽地久枝说的："照子被扣上'卖国贼'

的称呼，这是任何别的日本人所得不到的勋章。"1941年7月27日，在重庆文化界人士的一次集会上，周恩来对绿川英子的对日广播工作也作出了高度赞誉："日本军国主义者把你称为'娇声卖国贼'，其实你是日本人民的忠实的好女儿，真正的爱国者！"

在武汉期间，除对日广播，绿川英子还常常挤出时间为《新华日报》撰写文

绿川英子和刘仁

章，发表反战演讲，积极参加武汉人民群众献金运动等抗日活动。特别有一件事让英子终生难忘：1938年7月中旬的一天，绿川英子由汉口乘船过武昌，来到设在昙华林的政治部第三厅，会见了东北抗日游击队的母亲、抗日女英雄赵老太太。会见时，赵老太太对她说："孩子，谢谢你来帮助我们中国抗战，我们两个国家正需要你这样的人哪！你的娘家是日本，婆家是中国，你应该为咱们两个国家努力工作！"绿川英子回答道："老妈妈，我一定不辜负您的厚望！"两人作了长时间的热情交谈，赵老太太虽然是个文盲，但对抗日的道理理解得非常透彻、深刻，绿川英子深受感动和教育，她不禁对中国妇女产生了由衷的钦佩和敬意。

武汉失守后，绿川英子夫妇撤退到重庆，在郭沫若同志领导下的"文化工作

委员会"继续参加抗日工作。抗战胜利后，蒋介石疯狂地发动内战，英子夫妇接受党的指示于1946年2月到达东北解放区，在那里忘我地工作。1947年1月10日，绿川英子不幸去世，年仅三十五岁。

绿川英子在她短暂的一生中最光辉的时日是在中国度过的，她辗转大半个中国，历时十个年头，虽饱受驱逐、迫害、贫困、饥饿和疾病的折磨，但她至死也不后悔。她在本国侵略者发动侵略战争时，表现出了可贵的正义感和崇高的国际主义精神，为反对侵略、反对战争作出了巨大努力，为保卫世界和平作出了贡献，为中日两国人民世世代代友好相处树立了光辉榜样。

带你走进博物馆

后 记

　　八路军武汉办事处旧址纪念馆是研究和宣传抗日战争，特别是武汉抗战的革命纪念馆。建馆以来，致力于武汉抗战历史的研究和宣传，取得了可喜的成绩。《带你走进博物馆·八路军武汉办事处旧址纪念馆》一书，在重点介绍八路军武汉办事处的基础上，也记录了武汉抗战中发生的重大事件及相关人物，我们希望此书不仅是一部历史资料，也是一本好的教材：对那些曾经身历其境的老同志来说，仿佛又回到了战争年代；对于青少年来说，这本书将会帮助他们认识到中国共产党是怎样在民族危亡之时为中国人民开辟光明前途的。愿我们中华儿女，从这一历史回忆中汲取精神力量，坚定不移地走中国特色社会主义伟大道路，为夺取全面建设小康社会新胜利而奋斗。

　　八路军武汉办事处旧址纪念馆的陈益祥、袁琳、张炎炳、肖光清、苏杰敏、傅少瑾、潘汉琼、罗芳、莫云、史娅文、刘畅、陈新辉、徐妮莎、龚其美、孙茜、吴广、魏来、王丹、刘颖等同志为本书的编辑出版，投入了极大的热情，查阅历史资料，了解最新学术研究成果，完成了本书的初稿。全书的统稿工作由陈益祥、袁琳、张炎炳、肖光清负责。

　　由于我们水平有限，书中缺点和错误在所难免，敬请曾经在八路军武汉办事处工作过的老同志及专家、读者批评指正。

编 者
2007 年 9 月

封面设计：周晓玮

责任印制：陈　杰

责任编辑：冯冬梅

图书在版编目(CIP)数据

八路军武汉办事处旧址纪念馆／八路军武汉办事处旧址
纪念馆编.－北京：文物出版社，2008.8
（带你走进博物馆）
ISBN 978-7-5010-2518-3

Ⅰ.八…　Ⅱ.八…　Ⅲ.八路军－军事机关－纪念馆－简
介－武汉市　Ⅳ.K878.23

中国版本图书馆 CIP 数据核字（2008）第 094869 号

八路军武汉办事处旧址纪念馆

八路军武汉办事处旧址纪念馆　编著

文物出版社出版发行
（北京东直门内北小街 2 号楼）
http://www.wenwu.com
E-mail:web@wenwu.com
北京文博利奥印刷有限公司制版
文物出版社印刷厂印刷
新华书店经销
880 × 1230　1/24　印张：4.5
2008 年 8 月第 1 版　2008 年 8 月第 1 次印刷
ISBN 978-7-5010-2518-3　定价：22 元